초등학생이 딱 알아야 할 화학원소상식 이야기

글 김성삼 | 그림 홍나영

파란정원

작가의 말

　여러분 주변을 잠깐 둘러보세요. 무엇이 보이나요? 창 너머 펼쳐진 여러 풍경, 각자의 공부방과 침실, 집안에 놓인 이런저런 물건 등 그 모습은 무척 다양할 거예요.

　이제 이것들을 좀 더 가까이서 들여다볼까요? 우리에게 보이는 이 모든 것은 무엇으로 이루어져 있을까요? 문제가 어렵다고요? 이 문제를 쉽게 해결하는 특별한 비법이 있는데, 그게 바로 화학원소랍니다.

　화학원소는 물질을 구성하는 기본적인 성분이에요. 즉 세상을 이루는 물질을 아는 만능열쇠이지요. 사람들은 아주 오래전부터 이에 대해 궁금증을 가졌고, 끊임없는 호기심 속에 탐구를 계속했어요. 그리고 이 세상을 구성하는 원소 118개를 찾아냈어요.

　이 책에서는 지금까지 발견된 많은 화학원소를 소개하고 있어요. 그중 성격이 비슷한 것은 빼고, 여러분이 친숙하게 접하고, 꼭 알아

야 할 원소를 선정했지요. 그래서 이 원소들이 발견되기까지 과정과 과학자들의 노력을 실었어요. 또 첫 번째와 두 번째 장에서는 생활 속 화학원소에 대해서 흥미롭게 다루었답니다.

여러분은 이 책을 통해 화학원소가 참 재미나고, 생활과 밀접한 연관이 있는 걸 알게 될 거예요. 책을 다 읽고 나면 이렇게 말할 거예요.

"우와! 정말 모든 것이 화학과 관련 있구나."

자! 그럼 이제 책을 펼쳐 볼까요? 두근두근 새로운 앎에 설레는 여러분의 심장박동 소리가 들리는 것 같아요.

모두 함께, 재미있는 화학원소 이야기를 향해 출발!

Joy to the world 김성삼

차례

1장 원리가 쏙쏙! 실험실 속 화학

- **001** 탁구공이 지구처럼 커질 거라고요? | 14
- **002** 제일 순수한 성분을 찾고 있다고요? | 16
- **003** 미술 작품의 그을음을 깨끗이 지웠다고요? | 18
- **004** 속마음이 이렇게까지 서로 달랐다고요? | 20
- **005** 끝말잇기의 끝판왕이라고요? | 22
- **006** 알쏭달쏭 주기율표가 궁금한가요? | 24
- **007** 안쪽 껌 종이를 따로 만든 이유가 있다고요? | 26
- **008** 물을 계속 끓여도 흙은 안 나왔다고요? | 28
- **009** 그렇게나 간절히 금을 만들고 싶었다고요? | 30
- **010** 양쪽에서 8마리 말이 끌어당겨 겨우 뗄 수 있었다고요? | 32
- **011** 산소를 누가 발견했는지 아직도 싸우고 있다고요? | 34
- **012** 한 사람이 노벨상을 두 번이나 받았다고요? | 36
- **013** 1,000km 밖의 유리창을 깨뜨렸다고요? | 38
- **014** 더 이상 내려가지 않는 가장 낮은 온도라고요? | 40
- **015** 서로 합치면 힘이 무척 세진다고요? | 42
- **016** 얼음으로 불을 붙일 수 있다고요? | 44
- **017** 비슷하게 생겼지만 성질이 너무 다르다고요? | 46
- **018** 요리인지 실험인지 헷갈린다고요? | 48
- **019** 거미가 훌륭한 선생님이라고요? | 50
- **020** 세상이 깜짝 놀랄 새로운 물질이라고요? | 52
- **021** 원소가 사람이라면 이런 모습일 거라고요? | 54

2장 호기심 팡팡! 생활 속 화학

- **022** 세상에서 가장 단단한 물질이 궁금하다고요? | 58
- **023** 펑펑 터지는 불꽃놀이의 비밀을 파헤쳐 볼까요? | 60
- **024** 곱슬곱슬 파마머리는 어떻게 만들어질까요? | 62
- **025** 달고나 커피, 돌리고 돌려야 맛있어지는 거 맞죠? | 64
- **026** 건전지 속에서는 무슨 일이 일어나고 있을까요? | 66
- **027** 엘리베이터 버튼을 손으로 누르기 찝찝하다고요? | 68
- **028** 거대한 도시에 광산이 생겨났다고요? | 70
- **029** 코끼리를 멸종의 위험에서 구한 일등공신이 있다고요? | 72
- **030** 아무리 변해도 원래 모습은 잊지 말자고요? | 74
- **031** 카멜레온처럼 색이 바뀌는 물감이 있다고요? | 76
- **032** 냄새를 모조리 없애 버릴 수 있다고요? | 78
- **033** 왜 그 아이만 보면 얼굴이 빨개질까요? | 80
- **034** 호르몬을 헷갈리게 하는 녀석이라고요? | 82
- **035** 붙였다 떼었다, 필기구 속 화학 원리가 궁금하다고요? | 84
- **036** 미술관은 또 다른 화학 실험실이라고요? | 86
- **037** 희귀한 흙 때문에 나라끼리 큰 분쟁이 일어난다고요? | 88
- **038** 매운 음식을 먹을 때 특효약이 있다고요? | 90
- **039** 물과 기름을 친하게 할 수 있다고요? | 92
- **040** 방사능물질은 정말 그렇게 위험한가요? | 94
- **041** 너무 기록이 잘 나와 쓸 수가 없다고요? | 96
- **042** 목재 폐기물로 비행기를 날리겠다고요? | 98

3장 알면 알수록 재미있는 화학원소

- **043** 가볍다고 무시하면 큰코다칠 거라고요? 1번 수소(H) | 102
- **044** 목소리를 바꿀 수 있는 신기한 기체라고요? 2번 헬륨(He) | 104
- **045** '내가 제일 잘 나가'라는 노래가 떠오른다고요? 3번 리튬(Li) | 106
- **046** 이제는 우주에서 사용될 예정이라고요? 4번 베릴륨(Be) | 108
- **047** 바퀴벌레 싫어하는 친구들은 기억해 두라고요? 5번 붕소(B) | 110
- **048** 자유자재로 변신이 가능한 마법의 원소라고요? 6번 탄소(C) | 112
- **049** 제발 과자 봉지에 적당히 좀 넣으라고요? 7번 질소(N) | 114
- **050** 산소가 없어지면 엄청난 일이 일어난다고요? 8번 산소(O) | 116
- **051** 충치균을 모두 물리쳐 주겠다고요? 9번 플루오린(F) | 118
- **052** 화려하게 빛나지만, 고독을 즐긴다고요? 10번 네온(Ne) | 120
- **053** 길이 300km에 이르는 소금 광산이 있다고요? 11번 소듐(나트륨, Na) | 122
- **054** 눈 밑이 파르르 떨릴 때 조심하라고요? 12번 마그네슘(Mg) | 124
- **055** 한때는 금보다 더 비싼 몸이었다고요? 13번 알루미늄(Al) | 126
- **056** 실리콘밸리의 유래가 규소라고요? 14번 규소(Si) | 128
- **057** 자신의 오줌을 실험 재료로 사용했다고요? 15번 인(P) | 130
- **058** 부글부글 끓는 화산지대에서 많이 볼 수 있다고요? 16번 황(S) | 132
- **059** 수영장에서 놀려면 꼭 필요하다고요? 17번 염소(Cl) | 134
- **060** 도대체 왜 나를 게으른 자라고 했나요? 18번 아르곤(Ar) | 136
- **061** 두 얼굴을 가진 원소가 있다고요? 19번 포타슘(칼륨, K) | 138
- **062** 뼈를 튼튼하게 하려면 잘 먹으라고요? 20번 칼슘(Ca) | 140
- **063** 아이언맨의 강력한 슈트를 만들었다고요? 22번 타이타늄(Ti) | 142
- **064** 유럽을 공포에 떨게 만들었다고요? 23번 바나듐(V) | 144
- **065** 반짝거리는 스테인리스가 궁금하다고요? 24번 크로뮴(크롬, Cr) | 146
- **066** 바닷속에 검은 황금이라고 불리는 게 있다고요? 25번 망가니즈(망간, Mn) | 148
- **067** 문명의 발달을 말할 때 날 빼면 서운하겠죠? 26번 철(Fe) | 150
- **068** 못된 도깨비의 짓이라고 생각했다고요? 27번 코발트(Co) | 152
- **069** 간질간질, 금속 알레르기를 조심하라고요? 28번 니켈(Ni) | 154
- **070** 푸른 피가 흘러도 놀라지 말라고요? 29번 구리(Cu) | 156
- **071** 희생정신이 뛰어나 남을 잘 도와준다고요? 30번 아연(Zn) | 158

072 초콜릿처럼 부드러운 금속이라고요? 31번 갈륨(Ga) | 160
073 캄캄한 밤중에도 볼 수 있게 해준다고요? 32번 저마늄(게르마늄, Ge) | 162
074 옛날 죄인이 받았던 사약이라고요? 33번 비소(As) | 164
075 모조품이라고 무시하지 말라고요? 40번 지르코늄(Zr) | 166
076 해마다 색깔이 달라지는 동전이 있다고요? 41번 나이오븀(Nb) | 168
077 왕들은 은수저가 꼭 필요했다고요? 47번 은(Ag) | 170
078 '아파! 아파!' 하고 쓰러졌다고요? 48번 카드뮴(Cd) | 172
079 나폴레옹이 전쟁에서 패한 이유라고요? 50번 주석(Sn) | 174
080 클레오파트라가 화장할 때 사용했다고요? 51번 안티모니(Sb) | 176
081 상처 났을 때 한 번쯤은 발라 봤다고요? 53번 아이오딘(요오드, I) | 178
082 멋진 동굴 목소리로 변할 수 있다고요? 54번 제논(Xe) | 180
083 한 치의 오차도 허용하지 않겠다고요? 55번 세슘(Cs) | 182
084 가장 힘이 센 자석을 만들 수 있다고요? 60번 네오디뮴(Nd) | 184
085 사람 이름을 따서 지은 최초의 원소라고요? 62번 사마륨(Sm) | 186
086 몸속을 자세히 관찰하려면 꼭 필요하다고요? 64번 가돌리늄(Gd) | 188
087 위조지폐범은 꼼짝 마라고요? 69번 툴륨(Tm) | 190
088 지옥의 형벌을 받은 탄탈로스와 닮았다고요? 73번 탄탈럼(Ta) | 192
089 아르키메데스도 속을 수밖에 없었을 거라고요? 74번 텅스텐(W) | 194
090 끓게 하려면 무척 힘들 거라고요? 75번 레늄(Re) | 196
091 들어 보면 깜짝 놀랄 거라고요? 76번 오스뮴(Os) | 198
092 바다에 그냥 버려 버리기도 했다고요? 78번 백금(Pt) | 200
093 귀금속의 제왕에 대해 궁금한가요? 79번 금(Au) | 202
094 진시황의 불로불사 명약을 알려 준다고요? 80번 수은(Hg) | 204
095 로마가 망한 이유라고요? 82번 납(Pb) | 206
096 외계에서 온 광물일지도 모른다고요? 83번 비스무트(Bi) | 208
097 청산가리보다 25만 배나 더 독한 녀석이라고요? 84번 폴로늄(Po) | 210
098 지하실에 방사능물질이 가득했다고요? 86번 라돈(Rn) | 212
099 핵분열을 하려면 반드시 필요하다고요? 92번 우라늄(U) | 214
100 극비리에 프로젝트가 준비되었다고요? 94번 플루토늄(Pu) | 216

1장
원리가 쏙쏙! 실험실 속 화학

001 탁구공이 지구처럼 커질 거라고요?

파란이네 가족이 바닷가에 놀러 갔어요. 모래를 뭉쳐서 성을 쌓으며 모래 놀이를 했지요. 밤에는 텐트로 돌아와 레고 블록으로 멋진 우주선도 만들었어요.

'오늘 만든 작품들은 제법 괜찮은데?' 파란이는 자신이 만든 모래성과 우주선이 아주 마음에 들었어요.

파란이가 만든 모래성과 우주선은 겉모양은 서로 달랐지만 공통점이 있어요. 무언가 하나씩 하나씩 붙여가며 만들었다는 것이죠. 모래성을 모조리 분해하면 모래 알갱이로 나누어지고, 우주선도 다 떼어내면 레고 조각으로 1개씩 분리돼요.

물질도 이런 모래와 레고처럼 아주 작은 알갱이로 쪼갤 수 있어요. 물질을 쪼개고 쪼개었을 때 남는 가장 작은 알갱이를 '원자'라고 한답니다.

잠깐! 네가 탁구공이라고?

이 원자는 무척 작아요. 아무리 시력이 좋아도 그냥 맨눈으로 볼 수는 없어요. 얼마나 작냐고요? 탁구공의 원자를 보기 위해, 원자 크기를 탁구공만큼 키운다면 탁구공은 지구만큼 커져 버린다고 해요. 원자의 크기는 1Å로, 이 단위는 옹스트롱이라고 읽는답니다. 10^{-10}m 크기라고 하니 원자, 작아도 정말 너무 작지요?

원자 속을 들여다보면 더 재미있어요. 속이 텅 빈 원자는 원자핵이 있고 그 주위를 전자가 둘러싸고 있어요. 크기를 예로 들어 보면 축구장 크기의 원자 속에 축구공만 한 원자핵이 놓여 있고, 전자는 경기장 관람석에서 돌아다니는 개미와 같다고 해요.

원자에 대해서는 20세기 초부터 본격적인 연구가 시작되었어요. 연구를 거듭할수록 과학자들은 정교하고 질서 있는 작은 세계에 놀라게 되었답니다.

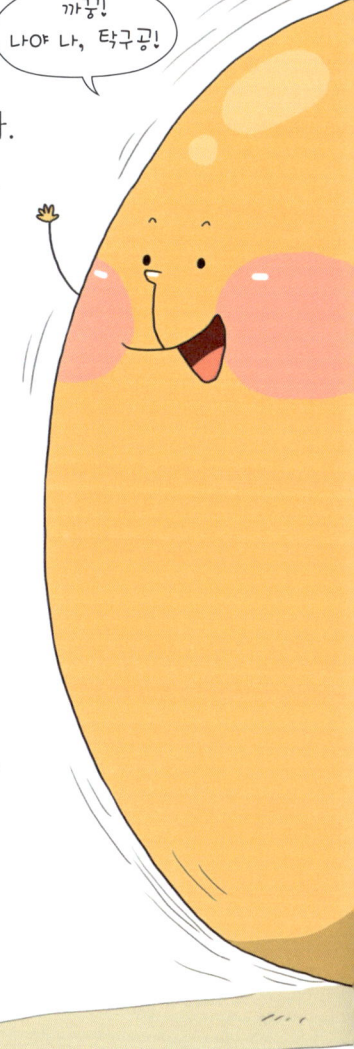

002 제일 순수한 성분을 찾고 있다고요?

"금반지는 무엇으로 되어 있을까요?"

선생님이 물었어요.

"금이요."

아이들이 씩씩하게 대답하지요. 선생님은 고개를 끄덕이더니 다시 물었어요.

"그럼 물은 무엇으로 되어 있을까요?"

"물이요."

하지만 아이들 소리는 한참 작아졌어요. 왠지 너무 당연한 답이라 정답이 아닐 거 같은 느낌이 들어서일까요?

물은 산소와 수소로 이루어졌어요. 물이 화학적인 방법으로 산소와 수소로 분해되기 때문이죠. 우리가 숨을 쉬는 공기도 산소와 질소, 이산화탄소 등 여러 가지 성분으로 이루어졌어요. 이처럼 더 이상 다른 물질로 나뉘지 않는 물질의 기본 성분을 '원소'라고 하지요.

'그럼 원자와 원소가 같지 않나요?' 이렇게 생각할 수 있어요. 하지만 원자와 원소는 완전히 다른 개념이에요. 예를 들어 장미 3송이, 국화 4송이가 있을 때 꽃은 모두 7송이지만 종류는 두 가지예요. 이때 원소는 총 2개(장미와 국화), 원자는 총 7개(꽃의 개수)라 할 수 있지요. 원소는 변하지 않는 가장 작은 성분, 원자는 나누어지지 않는 가장 작은 크기를 의미해요.

많은 화학자가 이런 순수한 원소를 찾기 위해 실험을 했어요. 원소의 독성 때문에 죽고 다치는 많은 위험을 감내하며 말이죠. 지금까지 찾아낸 이 세상을 이루는 원소는 118개랍니다. 원소를 발견하기 위한 노력은 지금도 계속되는 현재 진행형이지요.

003 미술 작품의 그을음을 깨끗이 지웠다고요?

"그을음을 어떻게 한단 말인가?"

모네의 〈수련〉이라는 작품은 40년이 넘도록 지하창고에 방치되어 있었어요. 더구나 1958년과 1961년 두 차례나 있었던 미술관 화재로 작품에 그을음이 잔뜩 끼어 버렸지요. 뛰어난 인상파 화가였던 모네의 작품이라 모두 안타까워했어요. 이때 한 과학자가 좋은 생각을 떠올렸어요.

'이 그을음은 탄소와 수소로 이루어진 탄화수소야. 탄소와 수소를 떼어 내 따로 결합시킬 수 있다면….'

다행히 과학자가 생각해 낸 방법으로 그을음을 완벽하게 해결할 수 있었어요. 과학자가 제안한 방법은 바로 산소총이었답니다.

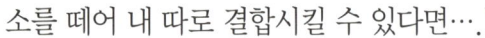
무슨 그림이지? 안 보이는데….

비켜 봐!

산소총으로 어떻게 그을음을 지울 수 있었을까요? 그건 바로 원자끼리 결합하는 규칙 때문이에요. 산소총에서 나온 산소로 그을음을 구성하던 탄소는 이산화탄소가 되고, 수소는 물로 변하게 되거든요.

탄소(C)+산소(O_2)->이산화탄소(CO_2)
수소(H)+산소(O_2)->물(H_2O)

원자는 서로 다른 원자끼리 결합해 새로운 물질을 만들어요. 그리고 그 물질은 원래 원자와는 전혀 다른 성질을 갖는답니다. 불이 났을 때 소방차는 물을 뿌려 화재를 진압해요. 만약 물이 결합하기 전의 수소와 산소의 성질을 그대로 가지고 있다면 산소는 불을 더 활활 타게 하고, 수소는 여기저기서 펑펑 폭발을 일으키겠죠? 불을 끄려다 훨씬 큰 낭패를 보고 말았을 거예요.

004 속마음이 이렇게까지 서로 달랐다고요?

플루오린 : 자리가 비어 있어 불안해 미칠 것 같아. 아무나 빨리 좀 들어와 줘, 제발.

아르곤 : 날 좀 건드리지 말라고. 난 혼자 있는 게 좋단 말이야. 그러니 좀 나가 주겠니?

두 원자의 속마음이 달라도 너무 다르네요. 원자들은 왜 이렇게 다른 마음을 갖는 걸까요?

원자는 원자핵과 전자로 나누어진다고 했어요. 전자는 원자핵을 중심으로 도는데, 대부분의 원자는 맨 바깥의 전자가 8개가 채워졌을 때 무척 안전감을 느껴요. 원자마다 전자들이 앉을 수 있는 8개의 빈 의자가 있다고 생각하면 이해하기가 쉬워요.

만약 바깥을 돌고 있는 전자가 7개라면 이 원소는 1개의 전자를 받아 빈 자리를 채우고 싶어 눈을 부릅뜨고 전자를 찾아다니지요. 그러다 다른 원소를 만

내 자리인가?

나면 그 원소의 전자를 뺏더라도 자리를 채우려고 해요. 플루오린, 염소, 브로민, 아이오딘 같은 반응성이 뛰어난 이런 원소들은 특히 알칼리 금속과 만나면 빛과 열을 내며 무척 격렬하게 반응한답니다.

반면 맨 바깥 껍질에 전자 8개가 꽉 채워지면 마음이 편안해져서, 전자를 얻어 오거나 주려는 생각이 전혀 들지 않아요. 그저 혼자 만족하며 살게 되지요. 옆에 누가 찾아오더라도 잘 흔들리지 않는답니다. 네온, 아르곤, 크립톤 같은 원자들로 이들을 비활성기체라고 하지요.

이렇게 원자의 결합은 바깥 껍질의 빈 자리에 따라 서로 끌어당기는 힘이나 반응성이 달라진답니다.

005 끝말잇기의 끝판왕이라고요?

"쿵쿵따리 쿵쿵따, 쿵쿵따리 쿵쿵따."

재미있는 끝말잇기, 쿵쿵따 게임을 하고 있어요. 화학을 좋아하는 정원이도 신이 나서 게임에 참여하고 있어요.

"삼각자 쿵쿵따-자격루 쿵쿵따-루테튬 쿵쿵따-?"

"계절풍 쿵쿵따-풍뎅이 쿵쿵따-이트륨 쿵쿵따-?"

"멜로디 쿵쿵따-디스크 쿵쿵따-크로뮴 쿵쿵따-?"

정원이가 말할 때마다 게임이 바로 끝나 버리네요. 친구들은 싫겠지만, 원소 이름은 이렇게 끝말잇기의 끝판왕으로 유명하지요.

이런 원소의 이름은 어떻게 지어질까요? 먼저 위대한 과학자

의 이름을 따라 짓기도 해요. 다이너마이트를 발명한 노벨의 이름을 딴 노벨륨, 아인슈타인을 기린 아인슈타이늄이 있어요. 멘델레븀, 퀴륨, 페르뮴, 뢴트게늄 등 10여 개 이상의 이름이 이렇게 지어졌어요. 그리스 신화에 나오는 인물 이름으로 짓기도 하지요. 프로메테우스를 따라 지은 프로메튬, 제우스의 아들 탄탈로스를 딴 탄탈럼, 천둥의 신 토르를 딴 토륨 등이 있어요.

우주의 천체 이름을 딴 헬륨, 셀레늄, 우라늄, 넵투늄, 플루토늄은 차례대로 태양, 달, 천왕성, 해왕성, 명왕성을 나타낸답니다.

원소를 발견한 과학자가 자신의 조국을 생각하며 짓기도 했어요. 아메리카를 뜻하는 아메리슘, 폴란드를 나타내는 폴로늄, 프랑스의 프랑슘, 일본의 니호늄도 있죠. 또 지역이나 지명, 원소의 특성을 살려 이름을 짓기도 한답니다. 모두의 바람이겠지만 우리나라를 나타내는 원소 이름도 빨리 나오면 좋겠어요. 우리나라를 나타내는 원소 이름으로 코리늄은 어떤가요?

006 알쏭달쏭 주기율표가 궁금한가요?

주기율표를 본 적이 있나요? 주기율표는 지금까지 발견된 모든 원소 118개를 일정한 규칙에 따라 배열한 거예요. 가로 18칸, 세로 9칸으로 나눠진 표 안에 여러 원소가 쓰여 있죠.

이 주기율표는 1869년 러시아의 화학자 멘델레예프가 기초를 만들어 지금까지 발전해 왔어요. 그전까지 규칙 없이 여러 개의 원소로 흩어져 있던 걸 체계적으로 분류한 거지요. 멘델레예프는 당시 발견된 원소 63개를 자신이 좋아하는 카드놀이에서 영감을 얻어 만들었다고 해요.

멘델레예프는 어릴 적부터 화학을 좋아했어요. 가정형편이 넉넉하지는 않았지만 어려움을 이겨 내고 연구에 몰두해 주기율표를 완성했지요. 남편을 잃고 자식 교육을 위해 고향인 토볼스크에서 약 2,500km나 떨어진 모스크바로 이사 온 어머니의 노력이 결실을 맺는 순간이었답니다.

주기율표는 여러 원소에 대한 규칙을 담은 노선도와 같다는 데 큰 의의가

있어요. 우리가 지하철 노선도를 보면 어디든 쉽게 찾아갈 수 있듯이 주기율표를 보면 화학원소의 성질이나 질량을 쉽게 알 수 있지요. 실제로 멘델레예프는 자신의 주기율표를 기준으로 당시 발견되지 않았던 갈륨, 스칸듐, 저마늄 등의 원소 존재를 예측했답니다. 이후 발견된 그 원소들은 멘델레예프의 예측과 매우 일치했어요.

이런 멘델레예프의 연구 성과는 화학이 지금처럼 발전하는 데 막대한 영향을 줬어요. 후배 과학자들은 원자번호 101번 원소를 멘델레븀이라고 지어 그의 업적을 기렸지요. 하지만 당시 노벨상 수상에는 1표 차이로 아쉽게 떨어지고 말았답니다.

007 안쪽 껌 종이를 따로 만든 이유가 있다고요?

"이건 4000년 전에 만들어진 금팔찌입니다."

얼마 전 금속탐지기로 집 주변을 탐색하던 사람이 금을 발견해 화제가 되었어요. 재미 삼아 금속을 찾아본 건데 20cm 땅 밑에 묻혀 있던 오래된 금 유물을 발견한 거예요. 금값만 1,700만 원 정도였다고 하니 엄청난 행운이지요.

금속탐지기는 이처럼 금속을 쉽게 찾아낼 수 있어요. 공항에서도 비행기를 탈 때 안전을 위해 금속탐지기를 지나가지요. 이때 몸에 차고 있는 모든 소지품을 꺼내 놓아야 해요. 그렇지 않으면 쇠로 된 열쇠고리, 동전, 금목걸이 등 여러 금속 때문에 시끄럽게 경보음이 울릴 거예요.

우리가 생활에서 접하는 금속이란 도대체 무엇일까요? '금속은 철 아닌가? 자석을 붙이면 붙는…' 하며 고개를 갸우뚱거리는 친구들도 있을 거예요.

금속의 가장 중요한 특징은 전기와 열을 전달하는 거예요. 흔히 보는 껌은 은색 빛깔의 종이로 한 겹 더 포장해 놓았어요. 이 은색 종이는 금속인 알루미늄을 얇게 입힌 것으로, 더위에 껌 내부가 눅눅해지고 물렁거릴 때 열을 밖으로 빨리 빼내기 위해 싸 놓은 거예요. 또 금속은 고체 상태일 때 고유의 광택이 나며, 두들기면 얇게 펴지고, 쭉 늘릴 수도 있답니다.

이런 특징이 바로 금속과 비금속을 구분하는 중요한 요소예요. 고대에는 금, 은, 구리, 철, 납, 주석, 수은이 일곱 가지 원소를 7금속이라고 했지만, 현재는 알려진 원소 118개 중 금속 원소가 $\frac{3}{4}$을 차지할 정도로 무척 많답니다.

008 물을 계속 끓여도 흙은 안 나왔다고요?

"물질을 이루는 것은 알갱이로 된 입자입니다."
"알갱이라고요? 정말입니까?"

지금 생각하면 너무나 당연한 이야기지만 이 사실을 안 것은 그리 오래되지 않았어요. 옛날부터 사람들은 물질을 이루는 것이 무엇인지에 관심을 가졌어요. 고대 그리스 철학자 탈레스는 만물의 근원을 물이라고 했어요. 그 후 아낙시메네스는 공기, 헤라클레이토스는 불이라고도 했지요.

우리가 잘 아는 아리스토텔레스는 네 가지 원소인 물, 불, 공기, 흙이 건조, 습함, 따뜻함, 차가움의 네 가지 성질로 어우러져 있다고 했어요. 그리고 원소의 배열이나 조합에 따라 모든 물질은 서로 바뀔 수 있다고 생각했죠. 이 4원소설은 2000여 년 동안 사람들의 지지를 받았어요. 서양의 과학사를 강타했던 연금술도 이런 이론적 배경에서 나온 거예요.

한편 이 이론에 의문을 가졌던 라부아지에는 100일 동안 물 증류 실험을 했어요. 4원소설에 따르면 물을 계속 끓이면 흙으로 바뀌어야 하는데 그렇지 않은 것을 밝혀낸 거예요. 그는 실험을 통해 더 이상 쪼개지지 않은 33개의 원소를 발표했고, 사람들은 아리스토텔레스의 4원소설이 잘못되었다는 것을 알게 되었죠.

그리고 1803년에는 돌턴이 원자설을 주장했어요. 모든 물질은 가장 작은 알갱이인 원자로 이루어졌다고 한 거죠. 과학이 발전함에 따라 돌턴의 원자설은 조금 수정되었지만 지금의 원자 토대를 갖게 한 기본 이론이랍니다.

009 그렇게나 간절히 금을 만들고 싶었다고요?

"납에 이 돌을 넣고 끓이면 납이 금으로 바뀝니다. 이게 바로 여러분이 찾던 바로 그 현자의 돌입니다."

누군가가 이렇게 말하며 돌을 무척 비싸게 판다면 친구들은 어떻게 할 건가요? 당연히 말도 안 되는 소리라며 외면할 거예요. 하지만 오랫동안 사람들은 금을 만드는 방법을 찾고 싶어 했어요. 사람들은 값싼 납과 같은 금속으로 금을 만들고 싶어 했어요. 그리고 금을 만들도록 도와주는 현자의 돌이라 불린 마법의 물질도 계속 찾았죠. 물질의 근본을 이루는 원소를 적당히 조합하면 모든 물질을 만들 수 있다고 생각했기 때문이에요. 고대 이집트에서 시작된 연금술은 기원전 4세기부터 18세기에 이르기까지 2000년이 넘도록 많은 이의 관심사였답니다. 많은 연금술사가 다양한 재료로 무수하게 도전했지요.

연금술이 비록 성공하지는 못했지만,

화학이 발전하는 좋은 토대가 되었어요. 이를 계기로 새로운 물질을 발견하고, 많은 재료를 끓이고 녹이고 태우는 과정을 통해 자연스럽게 여러 화학 실험을 하게 된 거예요.

영국의 철학자 프랜시스 베이컨은 연금술을 '포도원 밑에 숨겨졌다고 알려진 금괴'라고 했어요. 금괴는 없었지만, 땅을 파헤쳐 포도 농사가 아주 잘된 이솝우화에 비유한 거예요.

'화학(chemistry)'이라는 말은 '연금술(alchemy)'이라는 말에서 유래되었답니다. 인기 있는《해리포터와 마법사의 돌》의 영국판 소설 제목이 바로《해리포터와 현자의 돌》이지요. 연금술이 화학의 발전에 큰 영향을 끼친 건 분명해 보이네요.

010 양쪽에서 8마리 말이 끌어당겨 겨우 뗄 수 있었다고요?

"왕 앞에서 하는 실험이니 실수하면 안 됩니다."

"아무 걱정하지 마시오."

독일 마그데부르크의 시장이자 화학자였던 게리케는 동그란 구를 살펴보았어요. 게리케가 만든 것은 구리로 된 반구 2개였어요. 게리케는 이것을 하나의 구로 결합한 뒤 펌프를 이용해 안에 있던 공기를 모두 빼버렸죠. 이제 구는 아무리 떼어내려 해도 꼼짝도 하지 않았어요. 구 안이 진공상태가 되었기 때문이에요.

이 장면은 17세기 게리케의 반구 실험으로 알려진 모습이에요. 진공은 어떤 공간 안에 공기를 비롯하여 아무 물질이 없는 상태를 말해요. 사람들은 옛날부터 진공 상태에 호기심을 가졌어요. 궁금증을 풀기 위해 동물 목에 방울을 달아 소리를 들

거나 그 안에서 촛불을 태우기도 했지요. 게리케의 실험은 말 8마리씩이 양쪽에서 잡아당겨서 2개의 반구를 겨우 떼어 냈다고 해요.

요즘은 진공 상태를 어디에 이용할까요? 보온병 안에는 진공으로 된 공간이 있어서 뜨겁거나 차가운 물을 넣었을 때 오랫동안 보관할 수 있어요. 공기가 없어서 열이 쉽게 이동하지 못하는 거죠. 마트에서 파는 신선식품은 진공포장을 해서 오래 보관하지요. 반도체를 만들 때도 세균의 접촉을 막기 위해 진공상태에서 공정이 이루어진답니다.

게리케의 반구 실험은 지켜보는 많은 사람을 깜짝 놀라게 했던 큰 사건이었어요. 그 뒤로 꾸준히 실험 결과와 연구가 쌓여 많은 발전을 이루었다고 해요.

011 산소를 누가 발견했는지 아직도 싸우고 있다고요?

"자, 이걸로 실험해 보게."

"오, 이건 정말 귀한 거군요."

16인치나 되는 볼록렌즈를 선물 받은 프리스틀리는 렌즈에 햇빛을 모아 여러 물질에 열을 가했어요. 그러다 수은 산화물을 태운 기체에 촛불이 세차게 타오르는 걸 발견했지요.

'오, 신기하군. 이곳에 쥐를 넣어 봐야겠어.'

프리스틀리는 기체 속에 넣은 쥐가 더 오래 살아남는 것을 알게 되었어요. 그는 기체를 직접 먹어 보기까지 했어요. 산소

의 존재를 모르던 당시 사람들은 물질 속에 불에 타는 플로지스톤이라는 물질이 있다고 믿었어요. 프리스틀리는 실험을 끝내고 나서 이 기체를 '플로지스톤이 빠져나간 공기'라고 공식적으로 발표했어요.

　프리스틀리가 실험으로 발견한 기체가 무엇일까요? 프리스틀리는 잘 알지 못했지만 촛불을 잘 타게 하고 오랫동안 쥐를 살게 한 기체는 바로 산소였답니다.

　하지만 산소를 누가 처음 발견했는지는 지금도 의견이 분분해요. 사실 프리스틀리보다 2년 전에 먼저 산소를 발견했지만 발표는 하지 않은 셸레와 공식적으로 산소의 성질을 알아내고 명칭을 쓴 라부아지에도 있기 때문이에요. 셸레와 프리스틀리 그리고 라부아지에까지 모두 같은 시대에 살았던 사람들이라 더욱 그렇답니다.

　산소의 발견은 화학사에서 무척 중요한 사건이에요. 관념적인 플로지스톤에 빠져 있던 화학에서 근대 화학으로 넘어가는 중요한 출발점이 되었지요. 누가 산소를 발견했던 간에 세 명 모두 뛰어난 과학자임이 틀림없는 것 같네요.

012 한 사람이 노벨상을 두 번이나 받았다고요?

가장 어려운 난이도 고르기

1. 한 집안에서 다섯 명이 노벨상 받기
2. 노벨화학상과 노벨물리학상을 두 번 받은 과학자 되기
3. 프랑스 국립대학교 역사상 최초의 여성 교수 되기
4. 영웅이 안장되는 파리의 국립묘지 판테온에 묻히는 최초의 여성 되기

이 가운데 어떤 게 가장 쉬워 보이나요? 전부 어려워 보인다고요? 그런데 이 모든 걸 해낸 사람이 있어요. 바로 인류의 위대한 과학자로 추앙받는 마리 퀴리예요.

마리 퀴리는 러시아

의 지배를 받던 폴란드에서 태어났지만 암울한 조국의 현실 때문에 프랑스로 이민을 갔어요. 어려서부터 무척 똑똑했던 그녀는 소르본대학교에서 여성으로서는 처음으로 물리학 박사 학위를 받았답니다.

　과학자 동료였던 피에르 퀴리와 결혼한 마리는 남편과 함께 연구에 매진했어요. 하지만 가정 형편이 좋지 않아 제대로 된 실험실도 없었지요. 그녀는 더위와 추위에 무방비 상태인 헛간에서 8톤의 우라늄 폐광석을 난로에 직접 넣어가며 실험을 했어요. 환기도 제대로 되지 않은 곳에서 수천 번 반복되는 작업을 해낸 마리는 마침내 염화라듐을 분리해 냈어요.

　그녀는 최초로 방사성원소인 폴로늄과 라듐을 발견한 공로를 인정받아 노벨물리학상과 노벨화학상을 받았어요. 조국인 폴란드와 또 다른 조국인 프랑스에서는 지폐에 마리 퀴리를 넣어 그녀를 기렸어요.

　마리의 큰딸과 사위는 노벨화학상을, 그리고 둘째 사위는 노벨평화상을 받았어요. 퀴리 부부가 받은 노벨상까지 한 집안에 노벨상 수상자가 5명이나 되었답니다.

013. 1,000km 밖의 유리창을 깨뜨렸다고요?

TNT 5,800만 톤의 위력,
1,000km 밖 핀란드의 유리창을 깨뜨림,
높이 60km, 반경 40km의 버섯구름 생성.

그냥 보기에도 정말 무시무시하지 않나요? 1961년 옛 소련이 실험한 '차르 봄바'라는 수소폭탄 위력이라고 해요. 1945년 일본 히로시마에 떨어졌던 원자폭탄 힘의 3,800배로, 4,200m 상공의 비행기에서 폭탄을 떨어뜨렸는데 그 화염이 비행기까지 치솟았다고 하지요. 폭탄의 황제

라는 이름에 걸맞게 인류가 지금껏 만든 가장 강력한 폭탄이에요.

수소폭탄은 원자폭탄과 마찬가지로 핵분열로 시작하지만, 이 에너지가 다시 핵융합을 일으켜요. 이 핵융합을 일으키는 재료가 수소여서 수소폭탄이라고 부르지요. 핵융합은 태양이 폭발하는 원리와 같아요. 태양은 핵융합 반응을 통해 이 수소폭탄이 매초당 2,000억 개씩 터지는 에너지를 내뿜는다고 해요.

최초의 수소폭탄은 미국에서 만든 '아이비 마이크'로 1952년 태평양의 산호초 섬에서 실험이 이뤄졌어요. 실험 후 섬은 순식간에 사라져 버렸고, 대신 낯선 원소 2개가 발견되었죠. 이 원소는 위대한 두 과학자였던 아인슈타인과 페르미의 이름을 붙여서 99번 아인슈타이늄, 100번 페르뮴이 되었답니다.

현재 공식적으로 수소폭탄을 개발한 나라는 미국, 러시아, 영국, 중국, 프랑스 등 5개 나라예요. 스스로 가지고 있다고 주장하는 몇몇 나라도 있기는 하지요. 중요한 것은 인류 모두를 위해 이런 무시무시한 무기가 다시는 사용되지 않아야겠죠?

014 더 이상 내려가지 않는 가장 낮은 온도라고요?

-41℃

높은 난간에 서 있는 한 남자 손에 들린 온도계가 나타낸 현재 온도예요. 남자가 따뜻한 물을 공중으로 뿌리자 순식간에 하얀 눈가루로 바뀌었어요. 하얀 눈보라 꽃이 여기저기 공중에 흩날려요.

추운 겨울, 러시아 마을에서 종종 볼 수 있는 모습이라고 해요. 따뜻한 물이 차가운 공기와 만나 순식간에 얼어 버리는 거죠. -41℃라니 생각만 해도 춥지 않나요? 지구상에서 가장 추운 남극대륙은 -93.2℃까지 관측되었다고 해요.

온도를 더 낮게 만들 수 있을까요? 이에 관심 있던 여러 과학자가 가장 낮은 온도 만들기에 도전했어요. 그리고 더 이상 내려가지 않은 온도를 발표했어요. 그 온도는 바로 -273.15℃로, 이를 절대영도라고 불러요.

절대영도에서는 분자들이 전혀 움직이지 않는 에너지가 0인 상태가 돼요. 분자들은 온도가 높아지면 이리저리 더 활발히 운동하고 싶어 하는데, 반대의 경우인 극강의 최저 온도가 되면 꼼짝 않고 가만히 있게 되지요. 1848년 이 절대영도를 발표한 과학자는 영국의 과학자 윌리엄 톰슨이었답니다.

그럼 반대로 온도를 올리는 건 어떨까요? 온도는 계속해서 뜨겁게 올릴 수 있어요. 물은 100℃에서 끓지만, 촛불 온도는 1,400℃까지 올라가지요. 태양의 중심부 온도는 무려 1,500만℃ 정도라고 해요. 2012년 과학자들은 4조℃를 만들어 내 기네스북에 올랐다고 하죠. 앞으로는 핵융합을 통해 태양과 같은 에너지원을 구상한다고 하니 놀랍기 그지없네요.

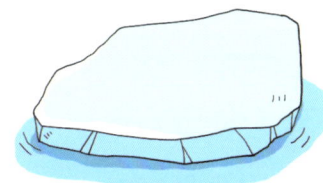

015 서로 합치면 힘이 무척 세진다고요?

'청동검, 청동거울, 청동방울'

모두 청동기시대의 유물들이에요. 청동기시대는 기원전 3000년경부터 시작되었어요. 청동은 구리와 주석을 섞어서 만드는데, 인류가 처음으로 시도한 합금이라고 할 수 있어요. 합금은 2개 이상의 금속을 더했다는 뜻인데, 큰 의미에선 비금속이 들어간 것도 포함하지요.

그럼 왜 합금을 하는 걸까요? 합금이 원래 물질의 성능을 보완해 독특한 성질을 갖게 하기 때문이에요. 청동은 주된 원재료인 구리보다 더 단단하고 쉽게 녹슬지 않아요. 청동이라는 뛰어난 합금은 인류에게 많은 문명의 발달을 이루게 해주며 오랫동안 사용되었는데, 세계 최초의 금속활자인 '직지심경', 에밀레종으로 알려진 '성덕대왕신종' 등이 모두 청동으로 만든 거랍니다.

사람들은 아주 옛날부터 지금까지 좋은 합금을 만들기 위해

노력하고 있어요. 구리합금을 이용해 동전을 만들고, 철은 탄소 비율을 달리해 강도를 조절하죠. 수은과 다른 금속을 합금한 아말감은 치과에서 흔히 쓰이는 물질이에요. 21세기 초에 발견된 합금의 종류는 무려 12만 8,540여 가지나 된다고 해요.

 요즘에는 의학 분야에서도 활용하고 있어요. 마그네슘과 칼슘의 합금물질은 우리 몸에 들어가 시간이 지나며 자연스럽게 녹아 버려요. 이걸로 나사못을 만든다면 몸에 집어넣은 후 다시 빼낼 필요가 없지요. 그래서 예전에는 두 번 수술해야 할 것을 한 번으로 끝낼 수 있게 되었답니다.

016 얼음으로 불을 붙일 수 있다고요?

"얼음으로 불을 붙인다고요? 에이, 거짓말!"

가끔 괴짜 실험을 하는 아빠의 말에 정원이는 호기심 가득한 눈으로 쳐다보았어요.

"자, 아주 가늘게 잘린 휴지를 수북하게 쌓을 거야. 그리고 이 가루를 넣지. 이제 얼음을 올려볼까?"

아빠는 잠시 뜸을 들이고는 얼음을 올렸어요. 그러자 정말 불이 붙으며 휴지 조각이 모두 탔어요. 정원이의 눈이 똥그래졌어요.

　아빠의 실험 비법은 무엇일까요? 아빠가 넣은 가루는 과산화나트륨이에요. 과산화나트륨은 얼음에서 녹은 물과 만나면 산소와 열이 생겨요. 바닥에 있던 가느다란 휴지 조각에 이 열로 인해 불이 붙은 거지요. 표면적을 크게 해준 휴지가 발화점을 낮추어 불을 붙게 한 거예요. 이처럼 두 물질이 서로 반응하도록 도와주는 물질을 촉매라고 해요. 무언가 하던 일에 진척이 없을 때 해결해 주는 해결사라고 볼 수 있어요.

　일상생활에서 이런 촉매는 다양하게 이용돼요. 추운 겨울날 주머니 안에서 우리의 손을 따뜻하게 해주는 고급 손난로에는 백금이 촉매로 사용돼요. 음식물이 몸속으로 들어올 때는 여러 소화 효소가 나와 소화를 할 수 있도록 도와주지요. 효소도 촉매의 일종이에요.

　사탕에 불을 붙이면 끈적거리는 액체가 흘러내리며 녹지만 타지는 않아요. 이때 종이나 휴지를 태워 재를 사탕에 묻혀 보면 불이 쉽게 붙는답니다. 촉매를 이용한 재미있는 실험으로, 재가 촉매 역할을 하기 때문이지요.

017 비슷하게 생겼지만 성질이 너무 다르다고요?

"자. 여기를 보세요."

선생님이 흰색 가루가 담긴 2개의 컵을 들어 보였어요. 겉면에는 작게 이름이 적혀 있었지요.

A: 고분자 흡수체

B: 에어로젤

"이 가루들의 생김새는 흰색으로 비슷하지만, 성질은 무척 달라요. 특히 물과 만나면 모두 놀라게 되지요."

선생님이 말씀하신 깜짝 놀랄 사건이라는 건 어떤 걸까요?

A컵에 담긴 가루인 고분자 흡수체는 물을 빨아들여요. 자신의 부피보다 최고 1,000배까지 흡수할 수 있죠. 물이 담긴 용기에 이 가루를 조금만 뿌려도 물이 금방 찐득하게 변하는 걸 보게 될 거예요.

아기들이 차는 기저귀 안에는 이 고분자 흡수체가 조금씩

난 왜 다 흡수하냐고···.ㅠㅠ

들어 있어요. 3차원의 망사 구조여서 사이사이 수많은 공간 속으로 물 분자를 끌어당긴답니다. 문방구에서 파는 일명 개구리알을 가지고 놀아 보았나요? 물에 담가 놓으면 크게 변하는 조그만 알갱이인데, 이것 역시 흡수체의 일종이에요.

B컵에 담긴 가루인 에어로젤은 그 반대예요. 이 가루는 물을 흡수하는 것을 막아 줘요. 그 위력이 무척 세서 손에 가루를 묻히고 물에 넣으면 손에 물이 묻지 않을 정도지요. 온몸을 다해 물을 철벽으로 차단하는 골키퍼 같아요. 에어로젤은 공기가 98%를 차지하는 고체 물질이랍니다.

에어로젤은 지구에서 가장 가벼운 고체로, 2002년 〈타임〉지가 올해의 발명품으로 선정하기도 했어요. 열을 막아주는데도 무척 뛰어나 나사의 화성 탐사 로봇에도 이용되었답니다.

018 요리인지 실험인지 헷갈린다고요?

캐비아를 본 적이 있나요? 바닷속에 사는 철갑상어의 알이에요. 살을 찌운 거위 간인 푸아그라, 진귀한 버섯인 송로버섯과 함께 세계 최고의 3대 요리 재료로 불리죠. 생산량이 적어 무척 비싸답니다.

그런데 이 귀한 캐비아를 직접 만든다고 해요. 자기가 좋아하는 맛을 넣어 나만의 캐비아를 만드는 거지요. 알긴산나트륨에 재료를 넣고, 칼슘 용액을 방울방울 떨어뜨리면 구슬 모양의 캐비어가 돼요. 이때 알긴산칼슘이라는 독특한 막이 생기며 안은 톡톡 터지는, 독특한 식감을 지닌 자신만의 캐비아가 완성되지요.

 요리가 왠지 화학실험 같지요? 사실 이건 요리에 화학을 접목한 분자요리의 일종이에요. 음식 재료의 화학적 성분을 철저히 분석하고, 이를 다양하게 조합해 새로운 맛과 음식을 창조하는 거랍니다.

 노란 망고주스는 먹기 좋은 달걀노른자가 되고, 우뭇가사리에서 추출한 가루를 우유에 넣고 조리하면 흰 자가 되지요. 달걀프라이와 똑같아 보이는 감쪽같은 다른 음식이 만들어지는 거예요. 김칫국물을 여러 겹 입힌 고구마로 토마토 모양의 음식도 만들 수도 있어요.

 이런 분자요리는 프랑스의 화학자 에르베 티스가 처음 시작했고, 지금은 세계 각지에서 다양하게 선보이고 있어요. 실제로 요즘 많은 식당에 스포이트, 실린더, 주사기 등 화학실에서 사용하는 실험 도구들이 비치되어 있다고 해요. 요리와 화학의 경계가 무너진다고 해야 할까요?

019 거미가 훌륭한 선생님이라고요?

너무 쉬운 걸!

친구들은 스파이더맨을 좋아하나요? 거미처럼 거미줄을 쏘고 여기저기 날아다니며 악당들을 물리치지요. 그의 손에서 쏘는 거미줄은 허공에서 스파이더맨을 지탱해 주고 적들도 꼼짝 못 하게 만들지요. 하찮아 보이는 거미줄의 힘이 무척 강력하죠.

그런데 영화 속에서만 그런 게 아니에요. 실제 거미줄은 가볍고 유연하지만, 강철보다 5배 이상 튼튼하다고 해요. 철사 두께의 거미줄로는 피아노를 들 수 있을 정도이지요. 과학자들은 이런 거미줄을 응용해서 방탄조끼, 의료용 실, 고성능 섬유를 개발하였고, 최근에는 총알이 뚫지 못하는 강력한 피부 조직까지 만들었답니다.

이렇게 자연의 동물, 곤충, 식물들을 연구해 첨단기술에 응용하는 것을 생체모방 공학이라 해요. 화학 분야에서도 이미

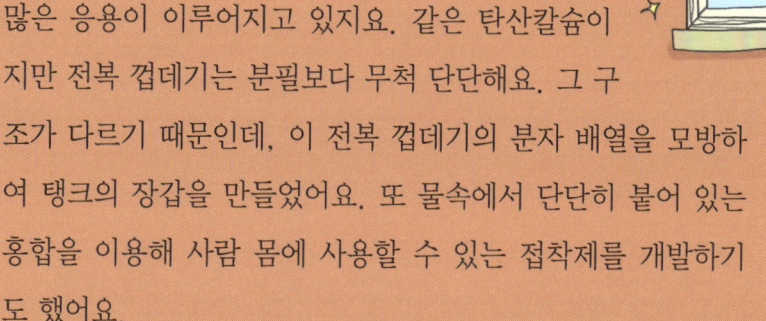

많은 응용이 이루어지고 있지요. 같은 탄산칼슘이지만 전복 껍데기는 분필보다 무척 단단해요. 그 구조가 다르기 때문인데, 이 전복 껍데기의 분자 배열을 모방하여 탱크의 장갑을 만들었어요. 또 물속에서 단단히 붙어 있는 홍합을 이용해 사람 몸에 사용할 수 있는 접착제를 개발하기도 했어요.

 연잎에 물이 떨어지면 동그란 물방울이 만들어지며 또르르 흘러 버려요. 방수 성질을 가진 작은 돌기들이 많이 있기 때문이죠. 사람들은 연잎을 이용해 음료를 쏟아도 툴툴 털면 깨끗해지는 옷감을 개발했어요. 이 기술은 계속 발전해 비만 오면 먼지가 모두 사라지는 유리창과 간판, 물을 내리면 자동으로 깨끗해지는 변기, 한 번 헹구면 깨끗이 씻어지는 그릇 등 산업 전반에 걸쳐 많은 제품이 연구 중이랍니다.

020 세상이 깜짝 놀랄 새로운 물질이라고요?

　영화 〈아이언맨〉의 주인공 토니 스타크는 가슴에 저온 핵융합기를 달고 살아요. 여기서 나온 전력으로 가슴에 박힌 폭탄 파편이 더 이상 심장 쪽으로 들어가지 못하도록 잡아 주죠. 하지만 팔라듐 중독으로 점점 죽음에 가까워지자 토니 스타크는 집에 입자 가속기를 만들었어요. 차고와 실험실을 부수고 관으로 연결하여 도넛 모양의 실험기기를 완성하죠. 그리고 마침내 새로운 에너지원을 얻으며 이렇게 말해요.

　"세상이 깜짝 놀랄 새로운 물질이 만들어졌군."

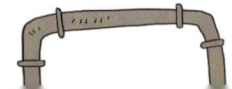

　토니 스타크는 어떻게 새로운 물질을 만들어 낸 걸까요? 원자는 그 특성에 따라 원자핵에 들어 있는 양성자 개수가 달라요. 수소는 양성자가 1개, 금은 양성자가 79개, 우라늄은 양성자가 무려 92개이죠. 그래서 양성자의 개수를 다르게 해 새로운 원소를 만드는데, 입자 가속기를 이용해 빛의 속도와 가까운 빠르기로 입자들을 서로 충돌시킨답니다. 또한 원자로 속에서 핵분열하며 새로운 원소가 만들어지지요.

　그럼 지금까지 인공적으로 만들어진 원소는 얼마나 될까요? 1번부터 92번까지의 원소 중에서는 43번 테크네튬(최초의 인공원소)과 61번 프로메튬 2개이고, 93번 넵투늄 이후부터 있는 26개 원소는 모두 인공 합성된 방사성원소랍니다. 이렇게 만들어진 많은 인공원소는 불안정하여 아주 짧은 시간 만에 사라져 버리지요.

　세계에서 가장 큰 입자 가속기는 스위스에 있어요. 유럽 입자물리연구소에서 운영하는데, 둘레가 27km, 지름이 10km나 되는 엄청난 크기로 지하 100m 아래 있다고 해요.

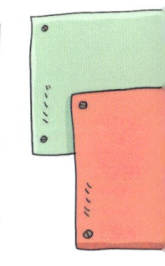

021 원소가 사람이라면 이런 모습일 거라고요?

내 이름은 정원이에요. 난 여러 원소 친구들을 알고 있어요. 여러 친구인 만큼 성격도 가지가지죠. 지금부터 원소 친구들을 소개해 보려고 해요.

먼저 탄소라 불리는 이 친구는 변장술의 달인이에요. 엄청 다르게 생겼는데 가면을 벗겨 보면 모두 이 친구여서 놀랄 때가 많죠.

"어? 얘도 너였어?" "응? 너도, 설마?"

이런 말이 절로 나오죠.

물만 보면 정신을 못 차리는 친구들도 있어요. 리튬, 나트륨, 칼륨 등 꽤 여러 명인데 하이파이브는 기본이고, 소리 지르고, 끌어안기까지 해요. 옆에서 보면 너무 하지 않나 싶을 정도예요. 좋은 것은 알겠는데 주변에 피해를 끼치기도 해서 조금 걱정돼요. 또 누군가를 보기만 하면 막 퍼주려는 습성이 있어서 이것도 걱정이에요.

　우라늄은 가만히 있으면 묵직하고 참 의젓한데 중성자라는 친구가 찾아오면 엄청난 에너지를 내뿜어요. 그게 상상할 수 없는 정도라 주변에서 감당하기 어려울 정도예요. 그래서 특별히 관리되고 있는 친구랍니다.

　우라늄 쪽 형제들은 보통 때는 보이지 않다가 갑자기 '짠' 하고 나타났다가 금방 사라져 버리는 친구들도 있어요. '어? 어디 갔지…' 하고 찾으려고 하면 보이지가 않아요. 숨바꼭질을 참 잘하는 친구들인 것 같아요.

　희토류라고 불리는 친구들은 얼마 없어서 요즘 귀한 대접을 받아요. 특히 이 친구들을 몇몇 나라가 독차지하고 있어서 무기처럼 사용하지요. 또 어떤 친구들은 지구에 많이 있지만 캐내는 게 무척 힘들어 희토류라고 하기도 하지요.

2장
호기심 팡팡! 생활 속 화학

022 세상에서 가장 단단한 물질이 궁금하다고요?

"이게 바로 비브라늄으로 만든 슈트지."

영화 〈블랙 팬서〉의 주인공 블랙 팬서가 자신의 옷을 자랑하고 있어요. 비브라늄은 마블 영화에서 와칸다 제국에 존재하는 지구상 가장 단단하다고 소개되는 상상의 금속이에요. 상대가 공격하면 모든 충격을 흡수해 버리기도 하지요. 그럼 영화가 아닌 실제로 가장 단단한 물질은 무엇일까요?

많은 친구가 알다시피 순수한 광물 중 가장 단단한 것은 다이아몬드예요. 탄소로 이루어진 다이아몬드는 표면이 아주 강해서 어떤 광물과 접촉해도 긁히지 않아요. 광물의 굳기를 측정하는 모스 경도가 가장 높은 10이죠. 그래서 반짝이는 반지 같은 귀금속뿐만 아니라 산업체에서 무언가를 자를 때 많이 사용해요. 끝에 다이아몬드가 달린 날을 이용하면 무엇이든 어렵지 않게 잘라 낼 수 있어요.

사람들은 합금을 통해 다이아몬드보다 더 단단한 물질을 만

들었어요. 타이타늄산바륨과 주석을 섞어 만든 타이타늄산바륨 주석합금은 일정한 온도(58~59℃)에서 다이아몬드보다 10배 더 단단해진다고 해요. 요즘 티탄산바륨 주석합금이라는 옛 이름으로 게임 속 캐릭터들에게 사용되는 인기 있는 물질이에요.

  자연계 생물체에서 가장 단단한 것은 삿갓조개 이빨이라고 해요. 바위에 붙어 있는 조류를 이빨로 긁어먹는데 이빨이 철을 만드는 철광석 섬유로 되어 있어요. 자연적으로 철이 들어간 이빨인 셈이죠. 그럼 우주에서 가장 강한 물질은 무엇일까요? 한 연구에 따르면 큰 별이 급격히 폭발하며 생기는 중성자별의 지각으로 그 단단함이 강철의 100억 배에 달한다고 해요. 만약 중성자별의 표면을 티스푼 하나로 퍼 올린다면 그 질량이 10억 톤이 넘는 것도 있다고 추정한답니다.

023 펑펑 터지는 불꽃놀이의 비밀을 파헤쳐 볼까요?

'펑! 펑! 펑!'

까만 밤하늘을 도화지 삼아 반짝이는 불꽃들이 휘황찬란하게 펼쳐지는 불꽃놀이를 보고 있으면 금방이라도 환상의 세계로 빠져들고 말지요. 이처럼 아름다운 불꽃놀이는 어떻게 만들어지는 걸까요?

불꽃놀이에는 여러 색깔의 불꽃이 생겨나요. 이건 화약 주변에 고유한 색깔을 만드는 원소를 넣어 주는 거예요. 아름답고 화려한 불꽃놀이에 사용하는 원소는 여러 가지랍니다.

빨강- 스트론튬, 주황- 칼슘, 노랑- 나트륨,
초록- 바륨, 파랑- 구리, 보라- 칼륨,
은백- 알루미늄

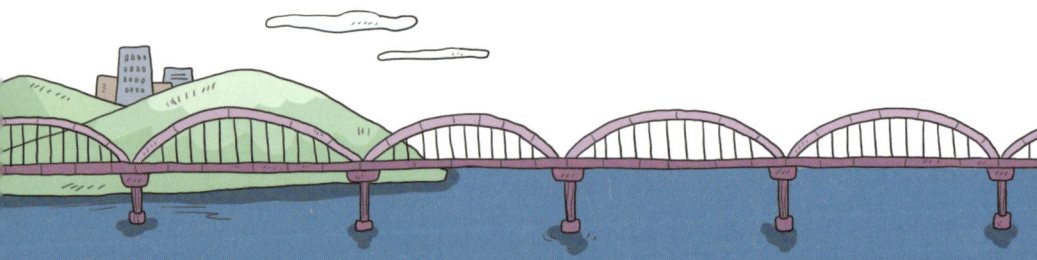

각각의 원소가 가진 성분이 질산칼륨, 유황, 숯을 섞어 만든 흑색 화약과 함께 터지면서 고유한 색깔을 만들어 내는 거예요. 빨강과 노랑을 섞어 주황색이 되는 것처럼 금속들을 섞어 더 다양한 색깔을 만들기도 하지요.

　불꽃놀이는 7세기 초 수나라에서 시작되어 13세기 마르코 폴로에 의해 유럽으로 퍼졌어요. 우리나라에서는 고려 시대 말 궁중 행사에서 불꽃놀이를 했어요. 불꽃놀이는 계속 발전하여 이제는 하나의 문화축제로 자리 잡고 거대한 예술작품으로도 부족함이 없지요. 하지만 이로 인해 초미세먼지가 증가하고, 하늘의 새들에게 피해를 줄 수 있어 주의가 필요하답니다.

024 곱슬곱슬 파마머리는 어떻게 만들어질까요?

머리칼을 곱슬곱슬하게 만드는 파마를 해본 적이 있나요? 파마를 한 날에는 머리가 예쁘게 잘 되었나 거울을 자꾸 쳐다보게 되지요. 이 파마에도 화학이 숨어 있다는 사실 알고 있나요?

머리카락은 케라틴이라는 단백질로 이루어졌어요. 확대해 보면 꽈배기 모양으로 황과 황이 결합해 있죠. 파마는 이 황의 결합을 끊어 내고 새로운 모양을 만들어 그대로 유지해 주는 거예요.

파마할 때 처음에 바르는 약(환원제)은 머리카락의 단백질을 연하게 만들고 결합된 황을 끊어 내는 역할을 해요. 뼈대가 없이 흐물흐물해진 닭발같이 되는 거예요. 여기에 적당한 크기의

롤을 말아서 원하는 컬이 되도록 모양을 잡아 줘요.

 이제 만들어진 모양을 오랫동안 유지해야겠죠? 이 역할을 다음에 바르는 약인 중화제가 해요. 황과 황이 새롭게 결합할 수 있게 하는 약으로, 파마하는 동안 열을 쬐어 화학작용이 더 잘 일어나게도 하지요. 이런 현대적인 파마 기술은 1936년 영국의 화학자 스피크맨에 의해서 고안되었답니다.

 그럼 그전에는 파마를 어떻게 했을까요? 인류 최초의 파마는 기원전 3000년경 이집트 나일강에서 알칼리성 진흙을 머리에 바르며 시작됐어요. 나무 봉으로 둥근 컬을 만든 후 햇볕에 말렸답니다. 그 이후에는 다리미 같은 물체의 열을 이용해 머리에 컬을 주기도 했죠.

 파마라는 말은 영어의 퍼머넌트(permanent)에서 유래했어요. '영구적인'이라는 뜻으로, 바꾼 머리 모양이 오래 지속되는 놀라움이 반영된 것 같네요.

025 달고나 커피, 돌리고 돌려야 맛있어지는 거 맞죠?

"이렇게까지 저어야 해?"
"아직 멀었어. 아직 200번 남았다고."

두 친구가 숟가락으로 무언가를 계속 젓고 있어요. 저을수록 갈색 물질이 점점 부풀어 오르네요. 여러분도 혹시 해보았나요? 이 친구들은 지금 달고나 커피를 만들고 있어요.

달고나 커피는 맛과 색깔이 달고나와 비슷하다고 해서 붙여진 이름이에요. 커피와 물, 설탕을 1:1:1로 넣어 달고나와 같은 크림을 만든 거죠. 이때 핵심은 꽤 오랫동안 열심히 저어야 거품이 생긴다는 거예요. 최소 400번은 저어 주어야 하니 친구들

달고나 커피는 언제 되는 거야?

200번만 더 저으면 돼!

이 힘들어 할 만하네요.

그런데 젓기만 했을 뿐인데 왜 거품이 생기는 걸까요? 그건 바로 커피 속에 있는 단백질 때문이에요.

단백질은 물과 친한 친수성 단백질과 물과 친하지 않은 소수성 단백질로 나누어져요. 커피를 저을 때 단백질들이 서로 분리되는데, 물과 친한 친수성 단백질은 물과 결합하고, 물과 친하지 않은 소수성 단백질은 물이 싫어 휘저을 때 들어온 공기와 결합해요. 그래서 오래 젓다 보면 자연스럽게 공기 방울, 즉 거품이 만들어지는 거예요.

이때 설탕은 거품의 안정성을 오래 유지하는 역할을 해요. 그래서 거품이 한 번 살짝 만들어진 후에 설탕을 넣어서 계속 저어 주는 게 효과적이지요. 이제 마지막으로 완성된 거품을 우유에 넣으면 맛있는 달고나 커피가 된답니다. 달걀흰자를 저어 만드는 머랭도 같은 원리예요. 흰자에 단백질이 있어 거품이 만들어지는 거지요.

026 건전지 속에서는 무슨 일이 일어나고 있을까요?

다 쓴 건전지 무게는 어떻게 변할까요?
① 안에 들어 있는 물질을 모두 사용해 가벼워진다.
② 똑같다.
③ 오래되면 노폐물들이 쌓여 더 무거워진다.

알쏭달쏭 흥미 있는 질문이네요. 정답은 2번이에요. 건전지는 화학반응을 통해 +에서 -로 전기를 보내므로 무게와는 아무 상관이 없어요. 100% 충전한 핸드폰이 더 무거워지지 않는 것과 같은 이유지요.

처음 건전지가 발견된 과정은 무척 흥미로워요. 1786년 몸이 약한 아내를 위해 개구리 수프를 만들었던 이탈리아 해부학자 갈바니는 전기가 통할 때 개구리 뒷다리가 움직이는 것을 발견

했어요. 깜짝 놀란 그는 많은 실험을 하고 나서 동물 자체에서 나오는 동물전기를 발견했다고 주장했죠. 이후 물리학자였던 볼타 교수는 이 연구에서 착안해 금속끼리 연결하고 전해질을 담은 최초의 화학 전지를 만들어 냈어요. 비록 갈바니의 주장은 틀렸지만, 시행착오를 거쳐 건전지를 만드는 데 큰 도움을 줬어요. 이후 많은 발전을 거치며 망가니즈를 이용한 건전지가 급속도로 보급되었답니다. 요즘에는 핸드폰이나 노트북에 사용하는 것처럼 충전할 수 있는 건전지가 개발되었어요.

 망가니즈 건전지처럼 한 번 쓰고 버리는 건전지를 1차 전지, 충전해서 계속 사용할 수 있으면 2차 전지라고 하지요.

 다 쓴 건전지라는 건 어떻게 알아낼까요? 5cm 정도의 높이에서 건전지를 수직으로 떨어뜨렸을 때, 새 건전지는 비교적 똑바로 잘 서지만, 다 쓴 건전지는 쓰러져 버려요. 건전지 속 산화아연의 탄성이 달라지기 때문이랍니다.

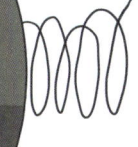

027 엘리베이터 버튼을 손으로 누르기 찝찝하다고요?

"이게 도대체 뭐예요?"

엘리베이터 버튼 위에 투명한 필름이 붙어 있어요. 코로나 19가 전 세계에 유행하면서 대부분의 건물 엘리베이터 버튼 위에 필름이 붙은 거예요. 여러 사람의 손길이 닿는 곳이라 조심하기 위해서라고 하죠. 도대체 이 필름은 어떤 역할을 하는 걸까요?

이 필름은 구리로 만들어졌어요. 구리는 바이러스나 세균을 죽일 수 있지요. 바이러스나 세균이 구리에 닿으면 구리가 그 속으로 흡수되어 파괴돼 버리죠. 연구 결과를 보면 바이러스나 세균이 스테인리스강에서는 48시간, 플라스틱에서는 72시간까지 살아 있지만, 구리 위에서는 4시간이 지나면 그 힘을 잃었답니다.

구리에 대한 살균 효과는 옛날부터 잘 알려져 있어요. 2600여 년 전 고대 이집트의 파피루스에는 상처를 살균하는 데 구리를 사용했다고 적혀 있어요. 의학의 아버지라 불린 그리스의 히포크라테스는 구리로 다리 궤양을 치료했지요. 1832년 프랑스에서 콜레라가 크게 유행했을 때 구리를 다루던 많은 노동자는 콜레라에 잘 걸리지 않았어요.

최근에는 구리의 이런 성능을 이용하여 구리 섬유를 만들어 속옷, 양말, 마스크 등을 개발하고 있어요. 혹시 발 냄새가 심한 친구들 있나요? 밤에 자기 전 신발 속에 10원짜리 동전을 여러 개 모아서 넣어 보세요. 신발 속 냄새의 원인인 세균 증식을 억제하고 탈취 효과에 도움을 주어요. 특히 옛날에 만들어진 동전에 구리가 더 많이 함유되어 효과가 더 크답니다.

028 거대한 도시에 광산이 생겨났다고요?

"전 세계 금의 16.4% 발견! 금 생산국 남아프리카공화국보다 더 많은 양의 금 발견, 새로운 광산에서 금을 찾고 싶은 사람은 모두 오세요. 더 이상 땅을 파헤칠 필요가 없어요."

아니 이런 금광이 발견되었다고요? 하루라도 빨리 가 보고 싶네요. 여기서 말하는 금광은 바로 도시광산이에요. 도시광산이 무엇이기에 금광에 비유되는 걸까요?

도시광산은 금속광물을 폐기물에서 추출하여 얻는 것을 말해요. 우리가 사용하고 버린 폐가전제품에는 금, 은, 팔라듐, 리튬 등 많은 희귀한 금속들이 들어 있어요. 폐가전제품에서 금속광물을 모은다니 참 기발한 발상이네요.

폐휴대전화 하나에만 해도 금 0.04g, 은 0.2g, 구리 14g, 코발트 24.4g, 팔라듐 0.02g이 들어 있어요. 1톤의 금광석에서 약 2~5g의 금을 추출할 수 있는데,

　1톤의 폐휴대폰에는 200~400g의 금이 있지요. 땅을 파는 데 들이는 힘과 노동력보다 훨씬 쉽게 금을 얻는 거지요. 실제로 일본에 있는 폐전자기기에 들어 있는 금 함유량이 세계 최대 금 생산국 중 하나인 남아프리카공화국의 금 매장량과 비슷하다고 하니 도시광산이 21세기의 새로운 연금술이라고 불릴 만하네요.

　미국 지질조사국(USGS)에 따르면 지구에 있는 천연자원은 2100년 정도면 모두 없어질 거라고 해요. 게다가 우리나라는 천연광석의 99.3%를 수입하지요. 그냥 버리면 쓰레기이지만 모아서 다시 쓰면 엄청난 자원이 되는 도시광산, 특히 우리가 잘 활용해야 하는 또 다른 이유일 거예요.

029 코끼리를 멸종의 위험에서 구한 일등공신이 있다고요?

"현상금 1만 달러! 코끼리 상아 대신 사용할 좋은 당구공을 만들어 오시오."

이 소식이 1863년 발표되자 세상은 떠들썩해졌어요. 현상금이 지금의 가치로 바꾸면 35억 이상이나 되는 큰돈이었거든요.

코끼리 상아 대신으로 당구공 만들 수 있는 사람~!

당시 사람들에게 당구는 무척 인기 있던 스포츠였어요. 그런데 당구공을 만드는 게 큰 문제였어요. 당구공을 만들려면 코끼리 상아가 필요했는데, 상아 2개로 만들 수 있는 당구공이 고작 6개에 불과했어요. 당구공을 계속 만들려면 어마어마한 코끼리의 희생이

불가피했죠. 이 소식에 많은 사람은 당구공을 만들 새로운 물질을 연구하기 시작했답니다.

최초의 플라스틱, 셀룰로이드는 이 일을 통해 만들어졌어요. 자연에서 직접 구하는 재료를 대체하는 플라스틱의 역사가 시작된 거예요. 플라스틱이 생기면서 칫솔 재료로 돼지털을 구하거나 단추를 만들기 위해 조개껍데기를 찾지 않아도 된 거예요.

플라스틱은 열, 압력으로 변형시킬 수 있는 고분자 화합물이에요. 형태가 변한 후에는 원래대로 다시 돌아오지 않는 가소성 물질이죠. 우리 생활에는 생수병, 반찬통, 비닐류, 과자봉지 등 아주 다양한 곳에서 플라스틱이 사용되고 있어요.

하지만 플라스틱의 과도한 사용으로 많은 문제가 일어났어요. 오랫동안 썩지 않는 플라스틱은 환경오염의 주범이 되었고, 잘게 쪼개져 바닷물에 떠다니는 미세 플라스틱은 수많은 물고기를 죽음에 이르게 하죠. 이제 과학자들은 옥수수나 사탕수수, 새우껍질 등을 이용해서 쉽게 썩고 분해가 되는 바이오 플라스틱을 개발하고 있답니다.

030 아무리 변해도 원래 모습은 잊지 말자고요?

인류 최초로 달 착륙에 성공한 우주선은 아폴로 11호예요. 이 아폴로 11호는 달에서 지름이 2.7m나 되는 커다란 안테나로 지구와 교신했지요. 그렇다면 아폴로 11호는 달 표면에 안테나를 어떻게 설치했을까요?

① 안테나를 분리하여 가져가 달에서 조립했다.
② 우산처럼 접힌 안테나에 '펴져'라고 말하자 그 말을 알아듣고 활짝 펴졌다.

답이 뭔지 눈치 챘나요? 이걸 이해하려면 먼저 형상기억합금을 알아야 해요. 형상기억합금은 일정한 온도에서 만든 모양을 기억하는 합금을 말해요. 같은 온

도가 될 때 기억했던 모양으로 돌아가 버리는 거지요.

예를 들어 50℃에서 형상기억합금으로 사각형을 만들어 기억하게 해요. 그리고 온도를 낮춰서는 삼각형이나 오각형, 육각형 등 다른 모양으로 만들죠. 그러다 50℃가 되면 도형 모양이 저절로 사각형으로 변한답니다. 물론 실제로 사람처럼 생각하는 건 아니지만, 50℃일 때의 모습을 기억하는 거예요. 이 원리는 일정한 온도에서 원자의 배열이 변하기 때문이랍니다.

형상기억합금은 우리 생활에 많이 이용되고 있어요. 소방관의 작업복 안에는 작은 스프링이 들어 있는데 화재 시 고온에서 급격히 늘어나요. 뜨거운 열에 의해 스프링이 자동으로 넓어지며 옷 안에 있는 공기층이 열을 차단하지요. 치아 교정기도 처음에는 느슨하게 설치하지만, 체온에 의해 줄어들면서 치아에 꽉 끼게 된답니다.

아폴로 11호의 안테나 역시 달의 표면 온도를 기억하는 접혀 있던 안테나가 다시 펼쳐진 거예요. 물론 '펴져'라고 실제로 말은 하지 않았지만요.

031 카멜레온처럼 색이 바뀌는 물감이 있다고요?

"어? 신기하다. 컵 색깔이 달라졌네."

정원이가 물을 요리조리 따라 보고 있어요. 컵에 따뜻한 물을 부으면 검은색으로, 차가운 물을 부으면 흰색으로 바뀌었어요. 정말 신기하지요?

친구들도 색깔이 바뀌는 이런 문구나 팬시를 본 적이 있나요? 여기에는 온도에 따라 색상이 바뀌는 잉크가 칠해져 있어요. 카멜레온처럼 색깔을 바꿀 수 있어 카멜레온 잉크라는 별명을 가진 시온 물감이에요.

시온 물감에는 아주 작은 마이크로캡슐 안에 특수한 물질(용매)들이 들어 있어요. 이 물질은 온도가 높아질 때는 녹고 온도가 내려가면 다시 결합해요. 이 과정에서 색을 나타내는 물질이 색을 띠었다가 사라지기를 반복하는 거예요. 또 다양한 물감을 조합하

너도 나처럼 변하는구낭.

여 여러 색을 내기도 하지요.

 시온 물감은 1937년 재료가 발견되며 많은 곳에서 활용하고 있어요. 뜨거운 온도를 조심해야 하는 주방용품, 머리를 세팅하는 고데기 같은 제품을 직접 만져 보지 않아도 뜨거운지 알 수 있지요. 또 핸드백이나 옷에도 사용하여 색깔이 변하면서 자신의 개성을 뽐낼 수 있게도 한답니다.

 그럼 이 물감의 주인공 카멜레온은 어떻게 색을 바꿀까요? 카멜레온 피부에는 빛을 반사하는 층이 2개 있어서 피부를 당기거나 느슨하게 해 피부층의 구조를 바꾸는 거예요. 스마트폰 안에 특수필름을 넣어 서로 다른 각도로 빛을 반사하게 해 다채로운 색이 나오는 것과 비슷하답니다.

032 냄새를 모조리 없애 버릴 수 있다고요?

케이크에서 냉장고 맛이 나! 윽!

'윽! 냄새'

수업시간 직전에 헐레벌떡 짝꿍이 들어왔어요. 점심 먹고 지금까지 축구를 한 건지 땀을 뻘뻘 흘리네요. 시큼한 땀냄새에 나도 모르게 인상이 찌푸려졌어요. 좋지 않은 이런 생활 속 냄새들을 어떻게 하면 없앨 수 있을까요?

흔히 알려진 방법 중 하나는 탄소 덩어리인 숯을 이용하는 거예요. 숯은 표면에 엄청난 구멍이 있어 수많은 냄새 입자들을 빨아들여요. 숯 1g의 표면적이 200~400m²로 무려 테니스장 정도의 크기라고 하죠. 그래서 냉장고 안에 숯을 넣어 두면 냄새가 없어져요. 냄새 입자가 들어간 숯은 뜨거운 햇빛에

놓아두면 다시 사용할 수 있는데, 온도가 올라가면서 입자들의 움직임이 활발해져 날아가 버리기 때문이지요.

 냄새 입자를 화학적으로 처리하는 방법도 있어요. 냄새 입자는 암모니아 계열의 질소화합물이나 황화합물이 많은데, 이 입자들과 친한 다른 원소와 반응시키는 거예요. 냄새 입자를 쪼개거나 감싸고 증발시켜 버리는 거죠. 시중에 나와 있는 냄새를 잡는 제품들이 이 원리를 이용한 거랍니다.

 불을 피워서 냄새 분자를 사라지게도 해요. 집에서 음식을 요리하고 나서 냄새가 많이 날 때 작은 향초를 피워 두면 금방 없어지지요. 또 미생물을 이용해 냄새를 제거하기도 한답니다.

 다양한 방법으로 냄새를 없앨 수 있어요. 참고로 지금까지 인간이 알아낸 물질은 200여만 개로 그중 40만 개 정도에서 냄새가 난다고 해요.

033 왜 그 아이만 보면 얼굴이 빨개질까요?

'히히, 정말 신나는 하루야!'

파란이는 하늘을 날 것 같은 기분이에요. 짝사랑하는 정원이와 오늘부터 1일을 하기로 했거든요. 정원이 생각에 얼굴이 빨개지고 가슴이 콩닥콩닥하고 흥분이 가라앉지를 않아요. 길거리를 걸으며 내색하지 않으려 해도 내 마음대로 되지가 않아요.

몸의 이런 변화는 몸속 호르몬과 관련이 있어요. 호르몬은 우리 몸에 특정 효과를 전달하는 화학물질이랍니다. 누군가를 좋아할 때 나오는 호르몬은 도파민이에요. 생각만 해도 기분이 좋고 절로 웃음이 나지요. 설렘 가득한 마음에 보고 싶어 늘 연락할 거예요. 이렇게 사랑에 빠지면 기분이 좋아 활력이 넘치게 되겠죠? 그래서 도파민을 활력과 행복의 호르몬이라고 한답니다.

 엄마가 아기를 안아 줄 때는 옥시토신이 나오고, 잠을 잘 자려면 멜라토닌 호르몬이 필요해요. 반대로 커피를 마시는 것처럼 각성 효과가 필요할 때는 페닐에틸아민이라는 호르몬이 나오지요. 이처럼 우리 몸에는 많은 호르몬이 작용하면서 몸을 유지한답니다. 지금까지 알려진 호르몬은 100여 개이고 알지 못하는 것까지 합하면 400여 개라고 추정하고 있어요.

 친구들은 모두 키가 컸으면 좋겠지요? 키가 쑥쑥 크려면 성장호르몬이 잘 나와야 해요. 성장호르몬은 잠을 푹 잘 때 나오는데, 특히 10시부터 2시 사이에 많이 분비된다고 하지요. 이런 이유로 일찍 잠자리에 드는 게 키 크는 데 좋답니다.

034 호르몬을 헷갈리게 하는 녀석이라고요?

"파란아, 너 뽀글이라고 먹어 봤어? 봉지째 라면을 잘게 부숴서 뜨거운 물을 부어. 그리고 몇 분을 기다리면 라면이 그 안에서 맛있게 익지. 군대 간 삼촌이 알려 준 거야."

정원이가 으스대며 친구와 통화 중이에요.

"안 돼. 거기서 환경호르몬이 얼마나 많이 나오는데…."

옆에 있던 엄마가 깜짝 놀라 눈이 동그래졌어요.

엄마는 왜 그렇게 놀란 걸까요? 환경호르몬이라는 말은 1997년 일본에서 처음 생겨났어요. 환경에서 배출된 화합물이 생물체 내로 들어가 호르몬처럼 작동한다고 해서 붙은 이름이에요. 최근 들어 심각한 환경 파괴로 인해 환경호르몬에 대한 위기 의식이 점점 커지고 있어요. 환경호르몬은 사람의 몸에 있는 정상적인 호르몬을 헷갈리게 하는 가짜 호르몬이에요. 그래서 우리 몸의 면역체계를

파괴하고 신체 상태를 혼란스럽게 하죠. 특히 어린이들에게 더 좋지 않은 영향을 많이 끼쳐요. 환경호르몬은 성조숙증을 일으키기도 해요. 성조숙증에 걸리면 성장판이 일찍 닫혀 키가 크지 않고, 각종 원인 모를 질병의 원인이 된답니다.

환경호르몬은 랩, 일회용 포장지, 플라스틱 합성 원료, 농약 등에서 많이 생겨요. 환경호르몬 유해 성분은 자연에서도 쉽게 분해되지 않고 오랫동안 남아 후대에까지 영향을 끼치죠. 환경호르몬이 나오는 제품을 사용하지 않는 게 무척 중요할 것 같아요.

035 붙였다 떼었다, 필기구 속 화학 원리가 궁금하다고요?

"아, 또 실패군."

한 사람이 연구실에서 붙였던 종이를 획 뜯어냈어요. 너무 쉽게 떨어져 버렸죠. 그는 강력한 접착제를 만들려고 연구 중인 3M 회사의 연구원 스펜서였어요.

'어? 잠깐만! 이걸 다시 붙이면?'

스펜서는 불현듯 떼어 냈던 종이를 다시 붙였어요. 그러고는 떼었다 붙이는 것을 여러 번 반복했어요.

이렇게 개발된 것이 바로 우리가 메모할 때 무척 유용하게 사용하는 포스트잇이에요. 사실 포스트잇은 강력한 접착제를 만드는 과정에서 생각을 바꾼 덕에 발견해 낸 제품이지요. 포스트잇에는 접착 성분의 알갱이가 작은 캡슐 형태로 들어 있어요. 캡슐이 터지면

벌써 굳었네!

그 안에 있던 알갱이가 나와 달라붙는 역할을 해요. 이 캡슐은 불규칙적으로 들어 있는데, 이 캡슐이 모두 터질 때까지 계속 붙일 수 있어요.

하지만 다른 접착제는 이와 달라요. 순간접착제는 접착제 속 화합물이 공기 중의 수분과 만나면 순간적으로 고분자로 바뀌며 접착력을 가져요. 뚜껑을 열어 두면 굳어서 사용하지 못하는 본드 종류는 이런 이유 때문이랍니다.

이처럼 일상에서 사용하는 문구류에도 화학적인 원리가 많이 숨어 있어요. 컴퓨터용 사인펜 잉크는 탄소가 많아 빛을 잘 흡수하지요. 그래서 컴퓨터로 답지를 확인하는 게 가능해요. 글씨가 틀릴 때 사용하는 수정액은 공기 중에서 금방 마르는 성분이 있어 그 위에 글씨를 곧바로 쓸 수 있는 거랍니다.

036 미술관은 또 다른 화학 실험실이라고요?

친구들은 보라색을 좋아하나요? 지금이야 물감을 짜면 언제든 쉽게 보라색을 색칠할 수 있지만, 예전에는 아니었어요. 물감이 없던 시절 보라색은 자연에서 구하기가 무척 어려웠지요. 기원전에는 달팽이 수만 마리를 희생시켜야 겨우 손수건 크기를 염색할 수 있는 양의 보라색을 얻었답니다.

이런 보라색을 쉽게 사용할 수 있도록 만들어 낸 사람은 바로 윌리엄 퍼킨이라는 화학자예요. 말라리아 치료제를 실험하는 도중 우연히 보라색 색소를 발견한 거예요. 지금 우리가 사용하는 보라색 물감의 시초로, 그는 이 염료를 팔아 엄청난 부

자가 되었어요.

　이처럼 미술은 화학과 깊은 관계가 있어요. 화가들이 사용하는 유화도 화학작용을 이용해 만들어진 물감이에요. 불포화지방산인 아마씨 기름을 네덜란드 화가 얀 반 에이크가 15세기에 처음 사용했지요. 불포화지방산은 상온에서는 액체 상태이지만 시간이 지나며 단단하게 굳어요.

　이 유화물감이 나오기 전에는 달걀노른자나 벌꿀 등에 색채 가루를 넣어 사용했어요. 고대 이집트 미라의 관이나 파피루스의 그림은 모두 이렇게 그려졌어요. 유명한 레오나르도 다빈치의 〈최후의 만찬〉은 유화에 달걀노른자를 섞어 사용한 작품이에요. 불행히도 물과 기름이 섞인 작품이라 쉽게 균열이 생기고 지금은 많이 훼손이 되었죠.

　납이 함유된 물감들은 시간이 지나며 검게 변색이 돼요. 납은 황과 결합해서 황화납이 되기 때문이죠. 렘브란트의 작품 〈야경〉은 원래 낮의 모습을 그린 거였는데 시간이 지나며 작품이 검게 변해 밤의 모습을 나타내게 되었답니다. 미술관은 자세히 들어다보면 또 다른 화학 실험실이라고 할 수 있어요.

037 희귀한 흙 때문에 나라끼리 큰 분쟁이 일어난다고요?

"희토류로 인한 미중 갈등 본격화."

미국과 중국의 갈등을 나타내는 기사가 심심치 않게 신문의 머리말을 장식하고는 하지요. 세계에 중국의 영향력이 점점 커지는 것을 미국은 견제하고 싶어 해요. 이때 희토류라는 말이 종종 등장해요.

희토류는 한자어로, 한자 그대로 해석하면 희귀한 흙(광물)이라는 뜻이에요. 즉 지구상에서 쉽게 얻기 힘든 자원으로 원자번호 21번 스칸듐, 39번 이트륨과 57번 란타넘부터 71번 루테튬까지 열일곱 가지의 원소를 가리키는 말이에요.

희토류의 가치는 점점 높아지고 있어요. 전기자동차,

저런, 쯧쯧!

최첨단 전투기, 우주 산업 등 높은 기술력이 필요한 기기에 필수적으로 들어가기 때문이에요. 전기자동차 한 대에 희토류 원소가 1kg 정도 들어간다고 하네요. 문제는 희토류의 생산이 몇몇 나라에 독점되어 있다는 거예요.

"중동에 석유가 있다면 중국에는 희토류가 있다."

유명한 중국의 지도자 덩샤오핑이 자신만만하게 했던 말이에요. 현재 생산되는 희토류는 80% 이상이 중국에서 나온답니다. 자원이 나라의 힘으로 연결되다 보니 중국의 목소리가 점점 더 커지고 있지요.

희토류를 채굴하면 엄청난 환경오염이 생겨요. 산은 벌거숭이가 되고, 막대한 양의 폐수로 지하수를 심각하게 오염시키죠. 또 이 과정에서 인체에 해로운 물질도 많이 나온답니다. 세계 희토류의 50% 이상을 생산하는 중국 바오터우시 근처의 토양은 방사능 오염 수치가 다른 지역에 비해 수백 배에 달한다고 해요.

038 매운 음식을 먹을 때 특효약이 있다고요?

"아! 매워. 입에서 불이 나는 것 같아."

엄청 매운 음식을 먹었을 때는 아무 생각이 나지 않아요. 그저 당장 벌컥벌컥 물을 마시고 싶죠. 하지만 물을 마셔도 그때 잠시뿐, 얼얼해진 혀끝에는 계속 매운 느낌이 남아 있어요. 이럴 때 좋은 방법이 없을까요?

입안이 매울 때는 물보다는 우유를 먹는 것이 훨씬 효과적이라고 해요. 매운맛을 내는 캡사이신이 물에는 녹지 않고 우유에 잘 녹기 때문이랍니다.

그 이유는 물질의 극성, 무극성 성질 때문이에요. 물질들은 물질 속의 전자가 +나 -, 한쪽으로 치우치는 극성과 그렇지 않은 무극성 성질로 나누어져요. 그리고 극성은 극성끼리 무극성은 무극성끼리 녹이지요. 그래서 무극성인 캡사이신은 극성인 물에는 녹지 않고, 무극성인 우유에 잘 녹는 거랍니다.

또 다른 예도 있어요. 옷에 화장품

　얼룩이나 기름때가 묻으면 같은 무극성인 기름으로 지우는 게 훨씬 잘 지워져요. 이때도 물로는 잘 지워지지 않아 드라이클리닝을 하지요. 반면 물에 잘 녹는 커피나 홍차는 물로 금방 닦아 내면 얼룩이 쉽게 빠진답니다.

　영화관에서 입안에 껌을 놓은 채 팝콘을 계속 먹어 본 적이 있나요? 어느 순간 입안에 있던 껌이 사라진 걸 알게 되어 깜짝 놀랄지도 몰라요. 무극성인 팝콘의 기름이 같은 성질을 지닌 껌을 점점 녹여 입안에서 사라지게 만든 거예요. 유튜브에서 풍선 가까이에서 오렌지 껍질을 까니 풍선이 터져 버리는 영상이 흥미를 끌었어요. 오렌지에서 나오는 강한 무극성 성분이 같은 성질인 풍선을 녹여 터뜨리는 거랍니다.

039 물과 기름을 친하게 할 수 있다고요?

물과 기름을 섞으면 어떻게 되나요? 2개의 층이 생기며 서로 정확하게 나뉘어요. 흔들거나 휘저어도 시간이 지나면 다시 그대로 돌아오죠. 그래서 사람과의 관계에서 친해질 수 없는 사이를 물과 기름 사이라고도 해요.

극성인 물과 무극성인 기름은 서로 친해질 수 없는 성질을 가졌어요. 서로는 본체만체하며 끼리끼리만 어울리는 거죠. 그럼 이런 다른 성질을 가진 두 물질을 섞는 방법은 없을까요?

이런 때는 계면활성제라는 물질을 사용해요. 계면활성제는 극성인 물과도 친하고 무극성인 기름과도 친한 이중 스파이라 할 수 있는데, 서로를 연결해 주는 오작교 같은 역할을 하지요. 물과 기름에 계면활성제를 넣으면 층으로 나누어졌던 경계면이 없어지고 금방 섞인답니다.

이런 계면활성제는 세제, 화장품, 치약 등 생활 속에서 무척 많이 사용돼요. 물과 기름 성분이 들어간 화장품이라면 계면활성제가 꼭 있어야 물의 촉

촉함과 기름의 부드러움을 동시에 만족시킬 수 있는 제품을 만들 수 있어요.

마요네즈에는 천연 계면활성제가 들어 있어요. 바로 달걀 속에 있는 레시틴 성분이지요. 마요네즈는 콩기름과 달걀을 식초와 향료를 섞어서 만드는데, 레시틴이 각 재료를 분리되지 않고 잘 섞이도록 해준답니다. 만약 마요네즈에 흐르는 액체가 보인다면 먹으면 안 돼요. 물 성분과 기름 성분이 분리되어 상했을 가능성이 무척 크기 때문이에요.

040 방사능물질은 정말 그렇게 위험한가요?

2011년 일본에는 리히터 규모 9.0의 강력한 지진과 함께 최악의 쓰나미가 몰려왔어요. 20m에 달하는 집채보다 높은 파도가 바닷가 주변의 모든 것을 흔적도 없이 날려 버렸지요. 극도의 공포가 엄습한 그곳에, 후쿠시마 원자력발전소까지 작동을 멈추며 방사능으로 인한 엄청난 오염이 시작되었어요. 무척 위험하다고 하는 방사능물질, 도대체 무엇일까요?

방사능물질은 방사선을 내보내는 물질이에요. 방사선은 물질을 통과하는 특징을 지니는데, 우리 몸에 닿거나 먹게 되면 세포를 죽게 하거나 유전자를 변형시켜요. 병원에서 찍는 엑스레이도 엑스선이 몸속을 통과하며 우리 몸속의 뼈를 보여 주는 일종의 방사선이에요. 그래서 엑스레이를 너무 자주 찍으면 몸에 별로 좋지 않다고 말하지요.

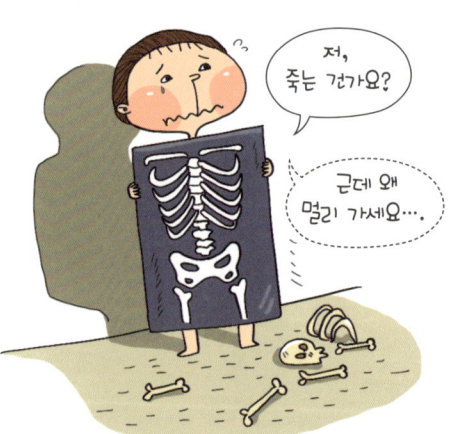

원자력발전소에서는 핵분열을

할 때 엄청난 양의 방사능이 생겨요. 사람들이나 환경에 큰 위험을 줄 수 있어 절대적인 관리가 필요하지요. 이런 이유로 원자력발전소에서는 1.2m 두께 이상의 철근콘크리트로 된 내진벽을 설계하는 등 여러 안전장치를 한답니다.

하지만 불행하게도 후쿠시마 원자력발전소는 이런 노력이 소용없었어요. 그 안에 있던 많은 방사능물질이 쏟아져 내린 후, 인근 환경과 바다는 심각하게 오염되고 말았어요. 많은 농작물은 물론이고 어류조차 방사능에 노출되었어요. 누군가 그걸 먹는다면 그 사람도 방사능에 오염되어 각종 병에 걸릴 수 있게 된 거예요.

생활 속에서 방사능은 의료기기에서 많이 사용되지만, 남용되지 않도록 조심해야 해요. 그래서 방사능을 배출하는 물질은 없는지 철저히 관리하고 있답니다.

041 너무 기록이 잘 나와 쓸 수가 없다고요?

"더 빨리, 더 높이, 더 힘차게!"

근대 올림픽의 창시자 쿠베르탱이 사용한 올림픽 구호예요. 올림픽은 각 나라의 운동선수들이 자기 나라를 대표해서 승부를 겨루는 세계인의 축제랍니다. 선수들은 더 좋은 성적을 내기 위해 매일 구슬땀을 흘리죠. 이런 스포츠 경기에서도 좋은 기록을 내기 위해 화학이 응용된답니다.

선수들이 신는 신발은 가벼우면서도 탄력이 좋아야 해요. 또 몸에 닿는 충격을 잘 흡수해야 하겠죠? 최근에는 두께가 머리카락의 $\frac{1}{500}$로 가벼우면서도 강도는 보통 실의 수천 배에 달하는 플라이 와이어라는 소재로 신발을 만들었답니다. 하지만 모든 경기에 이 신발이 사용되지는 않아요. 역도선수가 신는 신발은 뒷굽이 나무인데, 뒷굽에 푹신한 쿠션이 있으면 들어 올리는 엄청난 무게로 중심을 쉽게 잃기 때문이에요.

양궁 종목에서 사용하는 화살은 강철보다 강하지만 무척 유연한 탄소나노튜브가 사용되고, 펜싱 종목에서는 날카로운 칼날로부터 선수를 보호하기 위해 군용 헬멧, 전투기 등에 쓰이는 폴리에틸렌 섬유가 이용되기도 하지요.

뛰어난 신소재의 개발이 문제가 되기도 했어요. 온몸을 감싸는 전신 수영복이 2010년부터 금지되었는데, 이 수영복을 입은 선수들의 기록이 너무 좋아졌기 때문이에요. 2019년 케냐의 마라톤 선수가 마의 2시간 벽을 깨트렸을 때는 신발 깔창에 탄소 섬유판 3장을 깔았다고 해요. 이후 논란이 되자 탄소 섬유판을 1장만 깔도록 규정이 바뀌었답니다.

042 목재 폐기물로 비행기를 날리겠다고요?

"문제를 일으킨 것도 화학이지만, 해결할 수 있는 것도 화학입니다."

영국 임페리얼대학 화학과 교수인 톰 웰턴이 했던 말이에요. 화학이 발달하면서 생활은 편리해졌지만 무분별한 화학제품의 사용이 지구에 큰 부담을 주었어요. 환경오염, 자원고갈, 기후변화 등 지구촌 문제가 심각해진 거예요. 이제 많은 화학자가 환경을 살리는 녹색 화학을 연구하고 있어요.

과학자들은 목재 폐기물을 이용해서 비행기를 운항할 수 있는 기름을 개발했어요. 폐목재에서 나오는 오일을 항공유로 사용하도록 성분을 개량한 건데 탄소 배출량이 일반 경유의 $\frac{1}{12}$ 수준이라고 해요. 환경을

← 목재 폐기물

보호하면서 에너지 효율도 좋아 최근 전 세계적으로 무척 인기를 끄는 기술이랍니다. 음식물 쓰레기나 가축 분뇨 등을 분해해, 이를 가스 형태로 만들어 새로운 에너지원으로 쓰려는 노력도 계속되고 있어요.

여러 친환경 소재로 패션 제품을 만들어 눈길을 끌기도 하고, 사람들이 매일 마시는 커피 찌꺼기를 면섬유와 합성하여 티셔츠를 만든 회사도 있어요. 어떤 이는 병뚜껑으로 쓰이는 코르크 마개 소재의 가방을 판매하고, 강에서 서식하는 녹조식물을 이용하여 신발을 만들기도 하죠.

모두 발달한 화학 기술을 이용해 환경을 지키는 녹색 화학의 모습이랍니다. '녹색 화학'이라는 용어는 미국 환경보호청의 폴 아나스타스가 처음으로 사용했어요.

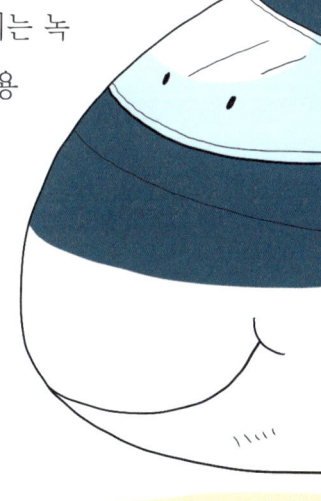

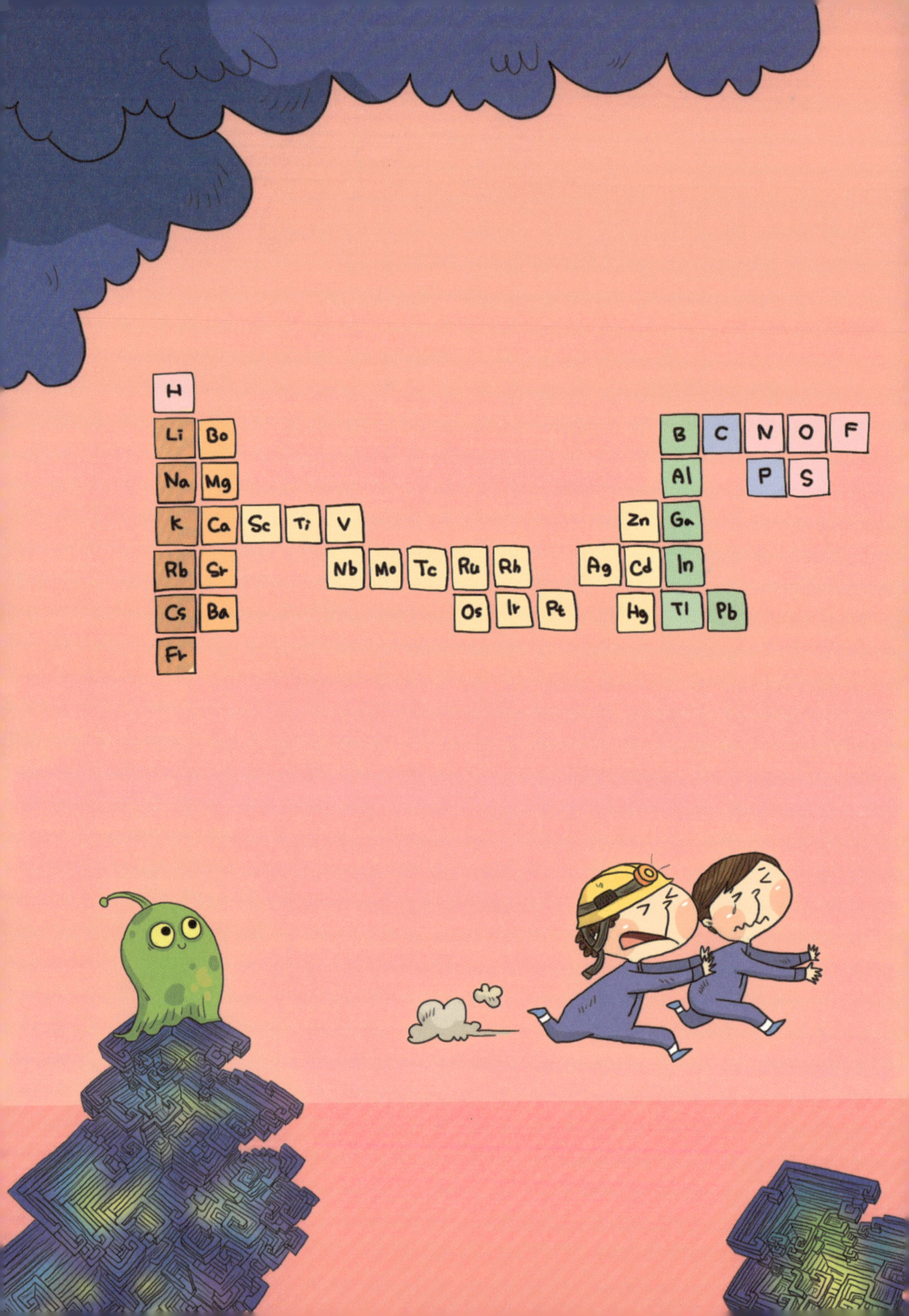
H
Li
Bo
B
C
N
O
F
Na
Mg
Al
P
S
K
Ca
Sc
Ti
V
Zn
Ga
Rb
Sr
Nb
Mo
Tc
Ru
Rh
Ag
Cd
In
Cs
Ba
Os
Ir
Pt
Hg
Tl
Pb
Fr

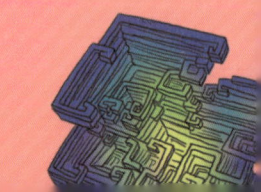

3장
알면 알수록 재미있는 화학원소

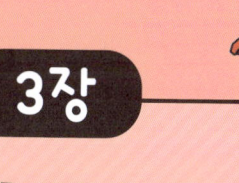

043 가볍다고 무시하면 큰코다칠 거라고요? -1번 수소(H)

H 원자번호 1번 수소(hydrogen)는 지구상에서 가장 간단한 구조를 가진 원소예요. 무게도 무척 가벼워 비행선이나 기구를 하늘로 띄울 때 수소를 넣었어요.

하지만 지금은 비행체에 수소를 넣지 않아요. 수소는 불이 붙으면 폭발하기 때문이지요. 1937년 독일에서 힌덴부르크 비행체의 수소가 폭발해 35명이나 죽는 안타까운 사고 이후 법적으로 비행체에 수소를 사용할 수 없게 되었어요.

수소는 우주에 가장 많이 있는 원소예요. 우주 질량의 75%를 차지하고, 원자의 개수로는 무려 90%를 차지한다고 해요. 태양도 거의 수소로 이루어져 있는데, 수소의 핵융합으로 빛과 열을 내고 있어요.

과학자들은 이런 무궁무진한 수소에 관심이 많아요. 석유나 석탄 등 여러 자원을 대체할 미래 에너지자원의 대표주자이기 때문이에요. 특히 수소는 연소할 때 물만 나오고 다른 공해물

질이 없어. 요즘 개발 중인 수소자동차는 점점 큰 인기를 끌고 있답니다. 1783년 라부아지에는 물을 만드는 수소의 성질을 표현하도록 그리스어에서 물을 뜻하는 히드로(hydro)와 생성한다는 뜻의 제나오(gennao)를 합해 원소 이름을 지었지요.

수소는 음식 만들 때도 이용해요. 마가린은 식물성 기름에 수소를 반응시켜 만든 음식이에요. 나폴레옹 3세의 요청으로 비싼 버터를 대신해 먹을 수 있도록 화학자 무리에가 만들었다고 해요.

무척 가볍고 쓰임새가 무궁무진하지만 화가 나면 쉽게 폭발해 버리는 수소는 과학실에서도 어렵지 않게 만들 수 있어요. 묽은 염산에 알루미늄 조각을 넣으면 수소가 나온답니다.

044 목소리를 바꿀 수 있는 신기한 기체라고요? –2번 헬륨(He)

He "안녕하세요. 제 이름은 말이죠?"
TV를 보다 보면 사람들의 목소리가 갑자기 오리 소리처럼 아주 높은 톤으로 바뀌는 걸 볼 때가 있어요. 이때 사람들이 먹은 게 바로 헬륨 가스예요.

헬륨(helium)은 공기보다 가볍고 밀도가 낮아, 마시면 소리가 3배 정도 빨라지고 목소리의 진동수가 높아져요. 그래서 순간적으로 높고 우스꽝스러운 소리가 나지요. 이렇게 무게가 가벼워, 위험한 수소 대신 비행선이나 풍선에 넣는 기체로 사용되어요. 놀이동산에서 하늘 위로 날아가 버리는 풍선에는 공기보다 가벼운 헬륨이 들어 있어요.

헬륨은 상온에서는 기체지만 차갑게 하면 액체로 변해요. 말은 쉽지만 실행하는 것은 사실 무척 어려워요. 온도를 −272°C까지 낮춰야 하기 때문이지요. 그래서 액체헬륨은 무언가를 얼리는 재료로 사용되어요. 액체헬륨은 액체의 끈끈한 성질이 없어져 컵에 담으면 컵을 거꾸로 타고 올라가 바깥으로 흘러 버리

는 매우 특이한 모습을 보여요.

 헬륨은 지구에서는 희귀하지만, 우주에서는 아주 흔한 물질이에요. 우주 전체 질량의 24%를 차지해서 수소 다음으로 많아요. 헬륨은 일식 때 태양을 관찰하면서 처음 발견되었어요. 그래서 이름도 그리스의 태양신 헬리오스의 이름을 빗대어 지었어요.

 어떤 사람들은 지구에서 없어질 위기에 처해 있는 헬륨을 구하기 위해 우주로 나가자고 말해요. 특히 달의 표면에 풍부한 헬륨을 가져 오자고 하지요. 우주에 있는 광물을 쉽게 캐서 사용할 수 있는 날이 빨리 오면 좋겠네요.

045 '내가 제일 잘 나가'라는 노래가 떠오른다고요? -3번 리튬(Li)

"투덜대는 소리를 없애 줍니다."

유명한 탄산음료인 세븐업의 옛 광고 문구였다고 해요. 이 음료에는 리튬이 들어 있었어요. 짜증 나거나 우울할 때 리튬을 먹으면 도움이 된다고 생각해 음료수에 넣어 판매했지요.

그렇게 한때 무척 인기 있었던 원자번호 3번 리튬(Li)이 지금 다시 주목받고 있어요. 휴대폰, 노트북과 같은 전자기기의 배터리로 리튬이 사용되거든요. 리튬전지가 만들어지면서 이전보다 훨씬 가볍고, 오래 쓰며, 금방 충전되는 배터리가 만들어졌어요. 성능은 더 좋지만, 점점 가벼워져 인기 만점인 전자기기를 만드는 일등공신이 되었답니다.

하지만 리튬은 특정 지역에 묻혀 있고 그 양이 많지 않아요. 사람들은 점점 없어지는 리튬 때문에 걱정이 많죠. 그래서 리튬을 대신할 다른 전지를 개발하고 있답니다. 과학자들은 바닷물에서 리튬을 걸러내는 방법도 고민 중이에요. 바닷물 속

에는 2,300억 톤 이상의 무궁무진한 리튬이 녹아 있는데, 이를 빨아들이고 걸러낼 필터를 연구하고 있지요.

리튬은 1817년 스웨덴 화학자 아르프베드손이 발견했어요. 그다음 해에 영국의 화학자 데이비가 전기분해를 통해 순수한 리튬을 추출해 냈지요. 금속 중 가장 가벼운 원소인 리튬은 유리나 도자기 등을 만들 때 사용되기도 하고, 알루미늄과 함께 가볍고 강한 항공기 재료로도 이용한답니다.

046 이제는 우주에서 사용될 예정이라고요? -4번 베릴륨(Be)

Be '일, 십, 백, 천, 만, 십만, 백만, 천만, 억?' 정원이는 스피커에 붙은 가격표를 보고 깜짝 놀랐어요. 고급스러워 보이긴 했지만, 가격이 상상 이상으로 비쌌거든요. 그 옆에 있는 작은 헤드폰도 수백만 원이나 했어요. 헤드폰이나 스피커는 왜 이렇게 비싼 걸까요?

고급 음향 장비에는 베릴륨이라는 물질이 쓰여요. 베릴륨은 소리를 무척 빠르게 전달하는데, 무려 1초에 12만 5,000m의 속도이죠. 공기보다 360배나 더 빠른 성질로 고급 헤드폰이나 스피커 재료로 이용되어요.

1798년 프랑스의 보클랭은 녹색 광물에서 나온 물질에 혀끝을 대어 단맛을 발견했어요. 이 단맛의 정체를 궁금하게 여긴 여러 과학자가 노력 끝에 1828년에 얻어낸 것이 베릴륨이랍니다.

지금은 무척 위험한 일이라 아무도 하지 않지만, 그 당시 과학자들은 새로운 물질을 발견하면 직접 맛을 보기도 했어요. 하지만 베릴륨은 독성이 매우 강한 편으로 가루에 오래 노출되면 심각한 폐 질환에 걸리게 되죠. 유명한 핵 과학자인 페르미도 베릴륨으로 인해 독한 폐렴에 걸리고 말았어요.

베릴륨은 알루미늄보다 가볍지만, 강철보다 더 단단하고 열에도 모양이 잘 바뀌지 않아요. 독성을 조심해야 하고 가격도 무척 비싸지요. 이런 베릴륨은 어디에 사용될까요? 나사(NASA)에서는 허블망원경에 이은 차세대 우주망원경에 베릴륨을 사용했어요. 우주에서 사용하기 안성맞춤인 원소였던 거예요.

047 바퀴벌레 싫어하는 친구들은 기억해 두라고요? -5번 붕소(B)

으악! 가! 저리 가!

B 엄마가 달걀노른자, 으깬 감자에 정체불명의 가루를 넣었어요. 그리고 물을 조금 부어 짓이기고는 동그란 알갱이를 만들었어요. 그리고 구석진 곳에 놓고는 쪽지를 붙였죠.

'바퀴벌레 퇴치제! 먹고 싶어도 절대 먹지 말 것!'

엄마가 넣은 정체불명의 가루는 무엇일까요? 그건 바로 붕산이었어요. 붕산은 붕소(B)로 만들어진 가루로 곤충들의 살충제로 많이 쓰여요. 사람에게 치명적이진 않지만, 개미나 바퀴벌레, 지네 같은 곤충들은 이를 배설하지 못해, 먹으면 죽게 되지요.

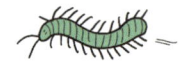

원자번호 5번인 붕소는 무척 강하고 단단해요. 그 세기가 다이아몬드 다음이지요. 이런 특성으로 빗발치는 포탄에도 끄떡없는 탱크, 총알을 맞아도 살 수 있게 해주는 방탄복의 원료로 쓰여요. 또 무디어진 칼을 날카롭게 가는 숫돌로도 이용된답니다. 절대 하면 안 되지만, 차 엔진에 붕소 화합물 가루를 넣으면 엔진이 모두 갈려 완전히 망가져 버린다고 해요.

붕소는 1808년 영국의 화학자 험프리 데이비가 붕사라는 광석에서 얻었어요. 붕소는 오래전부터 인류가 사용해 왔는데 인도나 아라비아에서는 도자기의 유약으로 쓰였지요.

원자력 분야에서도 붕소는 중요한 역할을 해요. 2011년 후쿠시마 원전 사고가 일어났을 때 우리나라는 6개월간 사용할 양을 제외하고 일본에 붕산 53톤을 긴급 지원해 주었어요. 붕소 화합물인 붕산은 중성자를 즉각적으로 흡수하는 성질이 있어 원자로 내부의 핵분열을 막을 수 있답니다. 원자력 사고가 난 곳에 꼭 필요한 거지요.

048 자유자재로 변신이 가능한 마법의 원소라고요? -6번 탄소(C)

"엄마, 저 숯 좀 가져가면 안 돼요?"

정원이가 숯불 갈빗집에서 저녁을 먹다 말고 갑자기 숯을 챙겨 달래요. 엄마가 무슨 일인지 몰라 눈이 커졌어요.

"엄마, 이건 비밀인데, 숯이 다이아몬드랑 같은 원소래요. 오늘 저녁 숯으로 다이아몬드를 만들 거예요."

정원이의 귓속말을 들은 엄마가 빙그레 웃었어요.

놀랍게도 정원이의 말은 사실이랍니다. 검은 숯이 반짝이는 다이아몬드와 같다니 무척 놀랍지요? 숯과 다이아몬드는 똑같이 탄소로 이루어졌는데, 원자들이 결합하는 모습이 서로 다

를 뿐이에요. 탄소는 다른 원소와 잘 결합해, 현재 알려진 탄소화합물만 수천만 개 이상이라고 해요. 지구상에서 가장 많이 사용되고, 자유자재로 변신할 수 있어 '원소의 황제'라는 별명이 있지요.

고무로 만들어지는 자동차 타이어가 검은색만 있는 이유는 튼튼하게 만들기 위해 넣는 탄소 가루인 카본블랙 색깔이 검은색이라 그렇답니다. 탄소는 미래의 첨단 소재로 굉장한 주목을 받아요. 핸드폰을 간편하게 손목에 차고 다니거나 노트북을 둘둘 말 수 있다면 참 좋겠죠? 탄소로 이뤄진 그래핀은 화면을 마음껏 구부리고 접을 수 있는 꿈의 물질로 주목받고 있어요. 연필심으로 사용하는 검은 흑연 덩어리에 테이프를 붙였다 떼며 그 원리를 찾아냈다고 해요.

탄소는 생명체에서도 매우 중요해요. 탄소가 없다면 인간이나 생명체의 몸도 이루어질 수 없지요. 탄소는 영어로 카본(carbon)인데, 목탄을 뜻하는 라틴어에서 비롯되었어요.

049 제발 과자 봉지에 적당히 좀 넣으라고요? -7번 질소(N)

N 구슬 아이스크림은 작은 알갱이들이 동글동글 구슬 모양으로 얼려진 맛있는 아이스크림이에요. 혀끝에서 사르르 녹는 맛이 최고죠. 귀여운 모양의 이 아이스크림은 어떻게 만드는 걸까요?

이건 원자번호 7번인 질소(N)와 관련이 있어요. 질소는 공기 중에 78%를 차지하는 기체로 무척 흔해요. 책을 보는 지금 순간에도 눈앞에 있지만 눈에 보이지 않고 맛이나 향이 없을 뿐이지요.

이런 질소를 차갑게 하면 -196℃에서 액체로 변해 액체질소가 돼요. 액체질소는 액체헬륨처럼 무언가를 얼릴 때 사용하지요. 동글동글한 구슬 아이스크림은 초코 맛, 딸기 맛 같은 다양한 맛 액체를 액체질소에 떨어뜨려 얼려서 만든 거랍니다.

냉동인간이라는 말을 들어본 적이 있을 거예요. 여전히 많은

논란이 있지만, 현재 190여 명의 냉동인간이 보관되어 있다고 해요. 냉동인간은 질소로 사람을 얼린 거예요. 지금은 고치지 못하는 병을 가진 환자가 의학이 발달한 미래에 깨어나 치료가 되길 바라는 거지요.

이 질소는 반응성이 매우 낮아서 식품을 보존할 때 많이 쓰여요. 우리가 좋아하는 과자 봉지에 가득 차 있는 기체가 바로 질소지요. '질소를 사니 과자를 덤으로 줬다'라는 우스갯소리가 있을 정도로 과자 봉지 과대포장의 주인공이기도 해요.

질소는 1772년 스코틀랜드의 과학자 러더퍼드가 발견했어요. 처음에는 쥐를 질식사 시킨 유독한 공기로 오해를 받았지요. 지금은 비료와 로켓연료, 다이너마이트 폭탄 등 다양한 분야에서 활용되고 있답니다.

050 산소가 없어지면 엄청난 일이 일어난다고요? -8번 산소(O)

산소가 지구에서 5초간 없어질 때 생기는 일

1. 지구의 땅이 부서져 내린다.
2. 바다가 증발하고, 모두 대기권 밖으로 사라진다.
3. 땅 위에 있는 모든 콘크리트 건물은 허물어진다.
4. 낮에도 어두컴컴해진다.
5. 모든 동물의 귓속이 폭발한다.
6. 모든 사람은 피부에 즉시 화상을 입게 된다.

유튜브에서 인기를 끌었던 동영상 내용이에요. 보기만 해도 오싹한 내용이지요? 약간 과장된 측면도 있지만, 산소의 성질을 알 수 있는 것들이에요.

산소가 사람이나 동물이 숨을 쉬는 데 꼭 필요한 것은 알고 있을 거예요. 이외에도 산소는 여러 성질을 가지고 많은 일을 한답니다.

우르릉 쾅!

산소(O)는 원자번호 8번의 원소예요. 바닷물과 땅으로 이루어진 지구 표면에 46%로 가장 풍부한 원소지요. 이렇게 많은 산소가 없어진다면 땅은 당연히 부서져 내릴 거예요. 또 산소와 수소로 이루어진 물은 수소만 남아 우주 밖으로 빠져 나가 버릴 거예요. 물이 빠져 나간 콘크리트 건물은 당연히 허물어지겠죠?

공기 중에는 21%의 산소가 있어요. 산소가 있어서 빛이 지금처럼 비춰지고, 일정한 기압이 유지되는 거랍니다. 산소는 자외선을 차단해 주는 역할도 하지요.

산소는 물질과 만나면 그 물질을 산화시켜요. 그래서 잘라 놓은 사과가 갈색으로 변하고, 물이 묻은 쇠는 녹이 슬지요. 기체 상태의 산소는 맛과 향, 색깔이 없지만, −118℃ 이하에서 50기압 이상으로 압축하면 푸른빛을 띠는 액체산소가 된답니다.

051 충치균을 모두 물리쳐 주겠다고요? -9번 플루오린(F)

엄마 손에 이끌려 치과에 가서 불소도포를 해본 적이 있나요? 무언가가 발라진 치아 모형을 '아' 하고 입에 문 후 시간이 지나면 '퉤' 하고 뱉어 내요. 절대 삼키지 말라고 해서 침이 흐르고 찝찝하지만, 충치 예방에는 꼭 필요하다고 해서 꾹 참아요.

이때 사용되는 원소가 바로 원자번호 9번 플루오린(F)이에요. 불소는 플루오린을 한자로 바꾸어 표기한 거랍니다. 플루오린을 발견하는 과정은 무척 험난했어요. 플루오린은 뼈와 유리를 녹일 정도로 강력한 독성이 있지만, 주변의 원소들과 바로바로 반응해 버려요. 이런 이유로 순수한 플루오린을 얻기가 무척 어려웠죠.

여러 과학자가 실험 중 플루오린 중독으로 목숨을 잃었는데 안타까운 마음을 담아 이들을 플루오린 순교자라고 부른답니다. 이후 프랑스 화학자 앙리 무아상이 마침내 플루오린 원소 추출에 성공하게 돼요. 이 공을 인정받아 1906년 노벨화학상을 받았지만, 그도 한쪽 눈의 시력을 잃고 말지요.

위험은 있지만, 플루오린은 충치를 예방하는 데 큰 효과가 있어요. 안전을 해치지 않는 범위에서 치약에 조심스럽게 쓰기도 해요. 일부 나라에서는 수돗물에 아주 적은 양의 불소를 넣어 충치 발병률을 낮추고 있답니다.

물이 스며들지 않지만 땀은 내보내는 고어텍스는 옷감에 무수히 많은 구멍이 나 있어요. 큰 알갱이의 물은 들어가지 못하지만 작은 알갱이인 땀 수증기는 빠져나가도록 한 거지요. 이 옷감이 플루오린을 가공해서 만든 거예요. 지금은 환경오염 문제로 쓰이지 않지만, 냉장고를 차갑게 만드는 냉매로 사용된 프레온가스에도 플루오린 화합물이 이용되었답니다.

052 화려하게 빛나지만, 고독을 즐긴다고요? - 10번 네온(Ne)

Ne 밤거리를 다니면 휘황찬란한 네온사인을 쉽게 볼 수 있어요. 반짝이는 네온사인을 만드는 데 사용하는 것은 바로 원자번호 10번의 원소인 네온(Ne)이에요.

네온은 공기에 들어 있는 아주 작은 양의 기체로, 불과 0.0018% 정도밖에 포함되어 있지 않아요. 쉽게 설명하면 1,000명 중에 1~2명 정도의 비율로 가지고 있는 거지요.

네온은 1898년 공기에 포함되어 있던 원소를 연구하던 영국의 화학자 램지가 발견했어요. 전기적인 자극을 주면 붉은빛을 내는 네온이 처음 알려지게 된 거예요. 램지는 그리스어로 새롭다는 말에서 네온(neon)이라는 이름을 붙였고, 여러 공로를

인정받아 1904년 노벨화학상을 받았어요.

 이후 프랑스의 에디슨이라 불리는 조르주 클로드라는 화학자가 네온사인을 개발하였어요. 파리의 자동차 쇼에서 12m의 네온관으로 만든 네온사인을 선보였죠. 붉은빛을 내는 네온사인은 큰 인기를 끌었고, 세계 각국의 도시로 이내 퍼졌답니다. 도시의 밤 모습을 순식간에 바꾸어 버린 거예요.

 네온은 이렇게 화려하게 빛나지만, 다른 원소들과는 친하게 지내지 않아요. 결합하지 않고 혼자 살며 절대적인 고독을 즐기지요. 또 지구에서는 풍부하지 않지만, 우주에서는 다섯 번째로 많은 원소랍니다.

 요즘은 다른 색의 네온사인들도 볼 수 있어요. 노란색(헬륨), 파란색(아르곤), 초록색(수은), 오렌지(산소) 등 다양한 원소로 색깔이 만들어져요. 하지만 그냥 모두 네온사인이라고 부른답니다.

053 길이 300km에 이르는 소금 광산이 있다고요? -11번 소듐(나트륨, Na)

Na "너무 짜게 먹지 마. 나트륨이 많이 있단 말이야." 엄마가 밥 먹을 때 자주 하는 이야기지요. 나트륨은 우리의 식생활과 밀접한 관련이 있어요. 매일 먹는 소금이 대표적인 나트륨 화합물이기 때문이지요. 소금 1g에는 0.4g의 나트륨이 있는데, 이 나트륨이 원자번호가 11번인 소듐(Na)이에요. 일상생활에서는 나트륨으로 많이 쓰이지만, 정식 원소 이름은 영어식으로 소듐이라고 한답니다.

옛날부터 사람들은 소금에서 소듐을 얻었어요. 지구에 많은 소금은 바다의 염전이나 땅속 광산에서 생산해 냈어요. 폴란드에는 총 길이가 300km에 달하는 소금 광산이 있다고 해요. 지하 9층, 327m까지 내려가는데 그 안에는 소금으로 만들어진 상이나 예배당까지 갖추어져 있다고 하니 입이 쩍 벌어질 정도지요. 이

렇듯 바다와 육지에 광범위하게 분포된 소듐은 지구에서 흔히 볼 수 있는 원소랍니다.

　화합물에서 분리된 순수한 소듐은 아주 가볍고 점토처럼 부드러운 금속이에요. 칼로 자르면 쓱쓱 썰어지지만, 물에 닿으면 강하게 폭발해 버리지요. 이런 성질 덕분에 여러 추리소설에서 물속에서 폭발하는 단골 소재로 쓰인답니다. 소금은 물에 잘 녹는데, 소듐은 쉽게 폭발해 버리다니 참 재미있네요.

　소듐(나트륨)을 많이 먹으면 몸에 좋지 않다고 하지만 사실은 우리 몸에 없어서는 안 될 꼭 필요한 성분이에요. 만약 소듐이 없다면 신경세포가 정상적으로 활동을 못 하고, 생명 유지에도 어려움을 겪어요. 소듐은 램프의 가로등으로도 이용한답니다.

054 눈 밑이 파르르 떨릴 때 조심하라고요? -12번 마그네슘(Mg)

여러 나라 지역을 다니다 보면 물맛이 조금씩 다른 것을 느끼게 돼요.

"물맛은 다 똑같은 거 아닌가요?"

이렇게 생각하는 친구들도 있을 거예요. 물맛이 다른 이유는 물속에 녹아 있는 여러 성분 때문인데 그중에서 마그네슘이 큰 부분을 차지한답니다.

마그네슘(Mg)은 지각을 이루는 8대 원소 중 하나로 지구상의 여러 광물에 많이 들어 있어요. 우주에서도 아홉 번째로 풍부한 원소인데, 1755년 스코틀랜드 화학자 조지프 블랙에 의해 발견되었지요.

마그네슘은 탈 때 밝은 흰색의 빛을 내요. '움직이지 마세요. 하나, 둘, 셋!' 찰칵하는 소리와 함께 플래시가 번쩍이고 흰 연기가 나요. 옛날 영화에서 볼 수 있는 모습이지요. 이때 플래시로 사용되던 물질이 바로 마그네슘이에요. 이러한 성질 때문에 멋진 불꽃을 만드는 불꽃놀이나 폭탄의 재료로 이용하지요.

　마그네슘은 여러 금속과 합금으로 많이 사용해요. 특히 알루미늄과 같이 쓰면 강도는 세면서도 무척 가벼운 물질이 되지요. 가볍지만 튼튼해야 하는 노트북이나 카메라, 항공기나 자동차의 몸체 등 여러 분야에 이용한답니다.

　또 마그네슘은 우리의 건강과 밀접한 관련이 있어요. 천연의 진정제라고 불리는데, 흥분된 상태를 가라앉혀 주지요. 마그네슘을 많이 먹으면 설사가 나는데, 이걸 이용해서 변비약으로도 사용해요. 혹시 가만히 있을 때 눈 밑이 파르르 떨리는 친구들 있나요? 몸에 마그네슘이 부족해서 그렇답니다.

055 한때는 금은보다 더 비싼 몸이었다고요? —13번 알루미늄(Al)

"쨍그랑, 우당탕."

분리수거를 하는 날이면 엄청난 양의 캔이 수북이 쌓여요. 많은 사람이 편하게 먹고 버리는 캔은 알루미늄으로 만들어진 게 많아요. 우리나라는 연간 45억 개의 알루미늄 캔을 생산하며, 1인당 약 90개의 캔을 먹고 버린다고 해요. 그만큼 알루미늄은 무척 흔하게 볼 수 있지요.

하지만 알루미늄은 원래 꽤 귀한 대접을 받았어요. 알루미늄을 만드는 게 무척 어려웠기 때문인데 심지어 금이나 은보다 더 값이 비쌌다고 해요. 나폴레옹 3세는 자신의 부와 권력을 과시하기 위해 자신이 사용하는 식기만 알루미늄으로 따로 만들었다고 해요. 국제적인 행사에서는 동상의 창끝을 알루미늄으로 덧씌우기도 했어요. 그야말로 이때의 알루미늄은 부와 힘, 사치의 상징이었답니다.

이런 알루미늄이 전기분해를 이용해 만들어지면서 많은 생산이 가능해졌어요. 당시

23살 대학생이었던 찰스 마틴 홀이 자기 집 창고에서 실험에 성공했지요. 마틴 홀은 이 방법을 특허 내서 막대한 부를 얻었어요. 한편 재미있는 건 이 시기에 프랑스의 폴 에루도 알루미늄을 얻는 데 성공해서, 홀과 에루는 나라와 대륙별로 사이좋게 특허권을 나누었답니다.

알루미늄(Al)은 원자번호 13번으로 무척 가벼운 금속이에요. 이런 가벼움은 금속업계에서 여러 방면에 이용하게 되었어요. 알루미늄과 철의 분말을 이용하면 순간적으로 최대 3,000°C까지 높은 열을 내는데, 이런 고열은 물속에서도 불이 꺼지지 않아요. 테르밋 반응이라고 하여 높은 고열로 기차 레일을 용접하거나 특수 수류탄으로 활용한답니다.

056 실리콘밸리의 유래가 규소라고요? -14번 규소(Si)

뉴스에서 자주 들을 수 있는 반도체란 무엇을 말하는 것일까요? 반도체는 평소에는 전기가 통하지 않지만 빛이나 열을 가하면 전기가 통하는 물질이에요. 노트북, 핸드폰, 냉장고, 텔레비전 등 거의 모든 전자기기에 반드시 들어가야 하지요.

이런 반도체를 만드는 데 꼭 필요한 원소가 바로 원자번호 14번인 규소(Si)랍니다. 규소는 금속과 비금속의 성질을 모두 가진 준금속이라 반도체를 만드는 데 안성맞춤이기 때문이에요. 규소를 녹여 실리콘 기둥을 만들고, 이것을 얇게 자르고 표면에 특수처리를 해 반도체 회로를 만들지요.

세계 최고의 인재들이 모여 연구하는 첨단산업의 메카인 실리콘밸리는 규소의 영어 이름인 실리콘(silicon)에서 유래했어요. 실리콘은 부싯돌을 뜻하는 라틴어 실렉스(silex)와 탄소의 영문 이름인 카본(carbon)이 합쳐진 말이에요.

 규소는 오래전부터 사람들의 생활에 이용되었어요. 기원전 3000년경부터 사람들은 규소가 들어 있는 모래나 석영 광물을 끓이고 식혀서 유리를 만들었지요. 우리 주변에서 흔하게 볼 수 있는 물질 중 하나예요.

 창문 주변을 보면 예외 없이 흰색이나 투명한 실리콘이 사용되어 있어요. 미세한 틈 같은 것을 메울 때 주로 실리콘 접착제를 사용하지요. 투명하고 말랑말랑한 물질인 실리콘은 이외에도 휴대폰 케이스, 콘택트렌즈 등에도 사용해요. 김이나 약통 속에 들어 있는 실리카 겔 역시 규소로 만들었어요.

 이렇게 여러 방면에 쓰이는 원소 규소는 1823년 스웨덴의 화학자 베르셀리우스가 처음으로 분리에 성공했답니다.

057 자신의 오줌을 실험 재료로 사용했다고요? —15번 인(P)

P "이번 건 냄새가 별로 좋지 않군."
화장실에서 나온 남자가 들고 있던 액체를 양동이에 부었어요. 양동이에는 지릿한 냄새가 나는 노란색 액체가 가득 담겨 있어요. 이 액체는 도대체 무엇일까요?

1669년 독일의 연금술사 헤닝 브란트는 무려 40여 개나 되는 분량(페트병 733개의 양)의 오줌을 양동이에 모아서는 센 불로 끓였어요. 끓인 물질은 어둠 속에서 빛을 발했는데, 이를 두고 사람들이 금을 만드는 '현자의 돌'이 발견되었다고 큰 관심을 보였지요.

이때 발견된 물질이 바로 원자번호 15번인 인(P)이에요. 빛이 나는 모습에 '빛을 가져오는 자'라는 뜻의 그리스어 포스퍼러스(phosphorus)에서 따와 이름을 지었지요. 인은 고체 상태의 비금속 원소로 원자의 배열에 따라 노란색, 흰색, 붉은색, 검은색, 보라색

등 다양한 색깔로 존재한답니다.

인 가운데 가장 반응성이 높은 것은 흰색의 백린이에요. 백린은 불이 무척 쉽게 붙어서 온도가 60℃가 넘어가면 불이 나요. 그래서 여름에 차 안에 흰 성냥을 넣어 두면 화재 위험이 있답니다. 이 때문에 지금은 빨간색 인을 묻힌 성냥만 이용하지요.

인은 무기, 비료, 반도체 제조 등 다양한 분야에서 사용돼요. 특히 무기 중 흰색 인을 활용한 백린탄은 모든 것을 태워 버려 악명이 높지요. 인체에 닿으면 산소를 완전히 막지 않는 한 쉽게 불이 꺼지지 않아 엄청난 화상을 입히는데, 최근 세계 여러 분쟁 지역에서 사용되면서 인도주의적으로 많은 비판을 받았답니다.

058 부글부글 끓는 화산지대에서 많이 볼 수 있다고요? -16번 황(S)

S '○○유황오리 전문점'

길거리에서 종종 볼 수 있는 식당 이름이에요. 유황을 먹은 오리를 이용하여 각종 요리를 하는 곳이죠. 이 유황이 원자번호 16번의 황(S)이랍니다.

황은 무척 옛날부터 이용되었어요. 고대 이집트인은 황을 태운 연기로 포도주 항아리를 소독했고, 호머의 《오디세이》에서는 살충제로 등장하죠. 동양의학에서도 황의 효능에 대해 오래전부터 많은 기록이 있답니다. 황은 1777년 라부아지에가 원소로 확인했어요.

황은 화산이나 온천 지역에 가면 많아요. 인도네시아 카와이젠에 가면 땅속에서 끓고 있는 화산 옆에서 목숨을 걸고 황을 캐는 사람들을 볼 수 있지요. 노란색 유황 덩어리가 가득 담긴 바구니를 어깨에 메고 산을 오르내리는 모습이 극한직업으로 화제가 되기도 했답니다.

순수한 황은 노란색 고체로 냄새가 없어요. 하지만 무언가와

　　　　　결합해 화합물이 되면 무척 강하고 특이한 냄새가 나죠. 유황온천에 가면 코끝을 쏘는 강한 냄새를 맡을 수 있어요. 또 세계에서 가장 악명 높은 악취로 유명한 취두부도 바로 황화합물 냄새예요. 가끔 옆 사람에게 엄청난 민폐를 주는 코를 찌르는 입 냄새나 방귀 냄새의 주범 역시 황화합물이라고 해요.

　황은 고무, 비료, 섬유, 세제, 자동차 배터리 등 산업의 다양한 분야에서 폭넓게 사용되지요. 황을 얼마나 많이 사용하느냐에 따라 그 국가의 경제력을 측정하기도 해요. 황은 고체일 때는 노란색이지만, 액체일 때는 붉은빛을 띠며, 불에 탈 때는 푸른빛을 내는 신기한 물질이랍니다.

059 수영장에서 놀려면 꼭 필요하다고요? −17번 염소(Cl)

 수영장에 가면 어김없이 나는 냄새가 있어요. 약간 미묘하면서도 코를 찌르는 소독약 냄새지요. 이 냄새의 주인공이 원자번호 17번인 염소(Cl)랍니다.

냄새가 나는 염소를 왜 수영장에 넣는 걸까요? 그건 염소가 가진 살균능력 때문이에요. 염소는 작은 양으로도 물속에 있는 병균이나 세균을 효과적으로 처리할 수 있어요.

19세기 말 미국의 상하수도 시설은 지금처럼 위생적이지 않았어요. 하수도는 악취가 났고, 식수에서도 냄새가 나고 더러운 물질이 섞이기까지 했어요. 오염된 식수는 장티푸스 등 각종 전염병을 일으켜 많은 사람을 죽음에 이르게 했지요. 그래서 먹는 물을 깨끗하게 만드는 일이 무엇보다 중요했어요. 이때 염소로 물을 소독해 병균을 없애자, 많은 전염병이 순식간에 사라졌지요. 이 일은 수돗물 혁명이라 불릴 정도였답니다.

염소는 섬유산업도 크게 발달시켰어요. 색깔 천을 새하얗게 만들며, 표백에 걸리는 시간을 획기적으로 단축한 거예요. 이

전에는 표백 작업을 위해 동물의 오줌에 빨기도 했는데, 냄새를 빼고 마무리하는 기간이 길게는 6개월씩 걸렸다고 해요.

　주변에서 쉽게 볼 수 있는 염소 제품은 청소에 주로 사용하는 락스예요. 독특한 냄새가 나는 락스는 옷에 떨어지면 하얗게 변하죠. 이때 주의할 것은 락스를 산성용액과 함께 사용하면 절대 안 된다는 거예요. 염소는 산성과 만나면 아주 해로운 가스를 만들기 때문이에요. 제1차 세계대전 때 이렇게 만들어진 독가스가 많은 사람을 죽였답니다.

　염소는 사용 방법에 따라 공과 과가 분명히 나누어져요. 1774년 셸레가 처음 발견하고, 1810년 영국의 화학자 데이비가 순수한 원소임을 증명했답니다.

060 도대체 왜 나를 게으른 자라고 했나요? −18번 아르곤(Ar)

Ar '분명히 무언가 들어 있을 것 같은데 도통 모르겠단 말이야.'

두 물질의 무게를 비교하던 레일리는 고개를 갸우뚱거렸어요. 공기에서 찾은 질소와 일반 질소를 비교하면 늘 아주 작은 질량 차이가 났던 거예요. 공기의 질소 속에 무언가 들어 있는 게 분명했어요. 그는 동료 램지와 함께 연구를 계속해서 그 안에 숨어 있던 기체인 아르곤을 발견했답니다.

아르곤(Ar)은 색깔과 냄새가 나지 않는 원자번호 18번의 기체예요. 공기 중에는 질소와 산소 다음으로 세 번째로 많지만, 그 비율은 0.94% 정도지요.

아르곤은 그리스어로 '게으른 자'라는 이름에서 유래했어요.

다른 물질과 전혀 반응하지 않는 특성 때문이지요. 아르곤은 바깥에 8개의 전자가 꽉꽉 들어차 있어 누구를 만나도 아무 흥미를 느끼지 않아요. 사랑을 갈구해도 철벽을 치며 만나 주지 않는 '원소계의 철벽 남녀'라고 할 수 있지요.

하지만 별명과 다르게 아르곤은 일상생활에서 많은 일을 해요. 남과 반응하지 않는 게으른 특성을 활용하지요. 특히 산소로부터 여러 물질을 보호해 주는 보호 기체로 사용하는데, 오래된 책이나 고문서를 담은 박물관 유리 안에 아르곤 기체를 넣으면 문화재를 오랫동안 보존할 수 있답니다.

아르곤의 발견에는 재밌는 일화가 있어요. 당시 한 학회에서 새로운 원소를 찾는 대가로 상금 1만 달러를 주었는데, 1895년 이후에 발견된 원소만 해당됐어요. 그래서 레일리와 램지는 1894년 아르곤을 발견했지만 발표를 1895년으로 늦춰서 상금을 받았다고 해요. 이후 다양한 업적이 더해지며 레일리는 노벨물리학상을, 램지는 노벨화학상을 같은 해에 수상했답니다.

061 두 얼굴을 가진 원소가 있다고요? -19번 포타슘(칼륨, K)

무시무시한 해골 그림과 함께 강력한 경고문이 쓰여 있어요.

엄청 위험한 물질처럼 보이는 건 바로 사이안화포타슘이에요. 사이안화포타슘은 0.2g만 먹어도 죽음에 이르는 무시무시한 물질이에요. 예부터 동물 사냥, 정적 암살 등에 많이 이용되었어요. 흔히 청산가리라고 불리는데, 포타슘이 사이안화이온과 결합해 있어요.

사이안화이온과 결합했을 때는 무시무시한 청산가리로 변하지만, 포타슘 자체가 무시무시한 원소는 아니에요. 토마토, 감자, 바나나 등 많은 식품에 있으며, 우리 몸에도 꼭 필요하지요. 예전에는 칼륨으로 불

렸던 매우 친숙한 원소로, 혈압을 유지하고 몸속의 노폐물을 처리하며 뇌의 기능을 좋게 해준답니다.

원자번호 19번인 포타슘(K)은 상온에서는 고체이며 은백색이에요. 물러서 칼로 잘 잘리고, 알칼리 금속답게 물과 폭발적으로 반응하지요. 불꽃을 내며 타고, 연기를 내뿜으며 터지기도 해요. 포타슘은 영국의 화학자, 데이비가 식물을 태우고 남은 재에서 발견했다고 해요.

데이비가 영어로 포타슘이라 이름 지었지만, 당시 큰 힘을 가졌던 독일학회에서 반대해 독일어인 칼륨으로 불렸어요. 우리나라에서도 오랜 기간 칼륨으로 불리다 최근 포타슘으로 바꿔 부르고 있답니다.

062 뼈를 튼튼하게 하려면 잘 먹으라고요? -20번 칼슘(Ca)

"나이가 드니 뼈가 부실해져서, 칼슘이 많이 든 음식을 먹어야 한다는구나."

할머니는 얼마 전부터 뼈가 약해지는 골다공증이라는 병에 걸렸어요. 그래서 뼈째 먹는 생선을 많이 먹어야 한대요.

이런 증상은 칼슘과 관련 있어요. 칼슘은 뼈를 이루는 주된 성분으로 성인 몸에서 1kg 정도를 차지한다고 하죠. 친구들도 뼈를 튼튼히 하기 위해서는 우유나 멸치를 잘 먹어야 한다는 말을 많이 들었을 거예요. 모두 칼슘이 많은 음식이에요.

칼슘은 지구상에서 다섯 번째로 많은 원소예요. 바다와 땅에서 여러 모습으로 만날 수 있죠. 바다 어류의 $\frac{1}{3}$이 근처에서 살아간다는 산호초나 땅에서 발견되는 대리석, 석회암 같은 돌들은 모두 칼슘 화합물이에요. 커

우유로는 부족할까 봐, 멸치도 준비했지~!

다랗게 뻥 뚫린 석회동굴은 흐르는 물에 칼슘 화합물이 녹아서 만들어진 거예요.

이렇게 자연 상태에서 볼 수 있는 칼슘을 1808년 데이비가 따로 분리해 내는 데 성공했어요. 칼슘은 은회색의 무른 금속 원소로 석회를 뜻하는 라틴어 칼스(calx)에서 따와 이름을 지었답니다.

길거리에 보이는 수많은 건축물을 지을 때 사용되는 시멘트의 주요 원료도 석회석인 칼슘 화합물이에요. 사람의 뼈처럼 칼슘은 건축물의 뼈대가 되기도 하지요. 깁스할 때 사용하는 석고나 칠판에 쓸 때 사용하는 분필 역시 칼슘 화합물이랍니다.

063 아이언맨의 강력한 슈트를 만들었다고요? −22번 타이타늄(Ti)

Ti "강력한 황금색 슈트를 입은 최강의 슈퍼 히어로!" 전 세계적으로 폭발적 인기를 끈 영화 〈어벤져스〉 시리즈의 영웅, 바로 아이언맨이에요. 주인공 토니 스타크는 타이타늄을 이용해 아이언맨 슈트를 만들었죠. 천재 공학자였던 토니 스타크는 왜 여러 물질 중 타이타늄을 선택했을까요?

타이타늄은 가볍지만, 무척 단단해요. 철의 절반 정도 무게지만 철만큼 단단하고, 녹는점이 1,688°C로 뜨거운 열에도 견딜 수 있지요. 또 물이나 여러 환경에서 잘 부식되지 않고 인체에도 해롭지 않아요. 실제 타이타늄의 50%는 아이언맨처럼 하늘을 나는 비행기 몸체나 부품으로 사용되고, 인공위성의

재료로도 활용한답니다.

타이타늄(Ti)은 1791년 윌리엄 그레고르가 작은 냇가에서 발견했어요. 하지만 가공이 어려워 이용되지 못하다가 1940년대 후반 본격적으로 활용하기 시작했어요. 타이타늄은 그리스 신화에 나오는 거인 타이탄(Titan)에서 따온 이름이에요.

스페인 빌바오에는 타이타늄 패널로 만들어진 유명한 건축물이 있어요. 0.5mm 두께의 타이타늄 판을 무려 3만 3,000장이나 이용해 만든 구겐하임 미술관이에요. 이 타이타늄 판은 바람이 불면 그에 따라 자연스럽게 움직여 이로 인해 광원이 반사되는 각도가 달라지면서 순간마다 미술관의 다른 모습을 볼 수 있어요.

타이타늄 원자 하나에 산소 원자 2개가 결합하면 이산화타이타늄이라는 물질이 돼요. 흰색 가루로 물감으로 쓰이고, 자외선을 잘 차단해 화장품이나 선크림의 연료로도 사용한답니다.

064 유럽을 공포에 떨게 만들었다고요? -23번 바나듐(V)

V "이건 악마가 전해 준 칼이 분명해."

칼에 그려진 특유의 물결무늬를 보며 유럽 사람들은 공포에 사로잡혔어요. 상대의 칼은 유연하고 날카로우면서도, 자신들의 칼을 모조리 부러뜨릴 만큼 강력했어요. 악마의 칼이라고 불리며 십자군 전쟁에서 유럽을 공포에 떨게 한 다마스쿠스 검이에요.

전설처럼 전해지던 다마스쿠스 검의 비밀이 조금씩 풀리고 있어요. 이 검은 인도 우츠 지역의 철광석으로 만들어졌는데, 이 철광석 안에 원자번호 23번인 원소 바나듐(V)이 들어 있었다고 해요. 바나듐이 들어간 철은 바나듐강이라 불리며 무척 강해져요. 또한 탄성도 좋아지고 쉽게 마모되지도 않는답니다. 원소 바나듐이 다마스쿠스 검의 핵심 비법이었던 거예요.

자동차 왕 헨리 포드는 바나듐

을 무척 사랑했던 사람이었어요. "바나듐이 없다면 자동차도 없다"라는 말을 했을 정도죠. 바나듐의 성능을 안 후, 포드 T형 자동차 부품에 바나듐을 넣어 다른 차들보다 훨씬 튼튼한 자동차를 만들었답니다. 이런 특성으로 세계에서 생산되는 바나듐의 85%는 철의 성능을 높이기 위해 쓰여요. 중요한 기계 부품을 만들거나 절삭공구, 제트엔진 제조 등 다양한 분야에서 활용되지요.

바나듐의 이름은 스칸디나비아 미의 여신인 바나디스(Vanadis)에서 유래했어요. 바나듐 화합물이 무척 화려한 색을 띠기 때문이지요. 독버섯이나 가재, 멍게류의 몸속에는 바나듐이 많이 있는데, 이들의 화려한 색깔도 바나듐과 관련이 있답니다.

바나듐은 1801년 스페인 화학자 델 리오가 발견했어요. 처음 발견 당시엔 인정받지 못하다가 30여 년이 흐른 1830년 화학자 세프스트룀에 의해서 바나듐이라는 것이 확인되었답니다.

065 반짝거리는 스테인리스가 궁금하다고요? —24번 크로뮴(크롬, Cr)

"와! 이게 아직도 부식이 안 되었단 말이야?"

진시황의 병마용갱을 살피던 사람들은 깜짝 놀랐어요. 청동으로 된 화살촉과 칼이 거의 부식되지 않은 채 남아 있었기 때문이에요. 지금부터 2000년도 더 된 무기인데 말이지요.

여러 무기에서 철이 부식되지 않도록 하는 원소인 크로뮴 (Cr)이 발견되었어요. 그래서 진시황이 그 옛날 크로뮴을 활용해 무기가 부식되는 걸 막은 건 아닌지 추측하고 있어요.

부식을 막는 성질은 크로뮴의 큰 장점이에요. 반짝거리는 수도꼭지, 식기, 숟가락 등은 오래되어도 그 빛을 잃지 않는 스테인리스로 만들어진 제품이에요. 녹이 슬지 않는다는 뜻을 지닌 스테인리스는 크로뮴이 10.5% 이상 들어가야 하는 합금이에요. 현재 생산되는 크로뮴의 80%가 스테인리스를 만드는 데 사용되고 있어요.

19세기의 화가 고흐가 그린 명화 〈해바라기〉의 아름다움

을 표현한 노란색은 '크로뮴 옐로'인데, 당시 품귀 현상을 일으킬 정도로 인기가 많은 신상품이었다고 해요. 문제는 이 크로뮴 옐로의 부작용이 변색이라는 점이에요. 그림 속 해바라기가 점점 갈색으로 변하면서 이를 방지할 수 있는 연구가 진행되고 있어요. 붉은색, 녹색, 노란색 등 다양한 색을 내는 크로뮴 화합물을 이용해 색을 만든 것인데, 도로에서 흔히 보는 스쿨버스 색깔이 바로 크로뮴 옐로랍니다.

　크로뮴은 1797년 프랑스 화학자 루이 보클랭이 발견했고, 색깔을 뜻하는 그리스어 크로마(chroma)에서 이름이 유래했어요. 사람의 몸에는 2mg 정도의 크로뮴이 있는데, 이 크로뮴이 부족하면 쉽게 피로감을 느낀다고 해요.

066 바닷속에 검은 황금이라고 불리는 게 있다고요? -25번 망가니즈 (망간, Mn)

"우리는 남태평양 바닥에서 거대한 망가니즈를 캐낼 겁니다. 심해 탐사선도 곧 만들게 됩니다."

Mn 세계적인 갑부였던 미국 하워드 휴즈의 발표는 큰 기대를 갖게 했어요. 그의 말대로 모든 계획은 착착 실행되었고 탐사선이 실제로 그곳에 띄워졌지요.

하지만 이것은 모두 거대한 트릭이었어요. 사실 바다 밑에는 핵미사일과 어뢰, 암호 등이 탑재된 소련의 잠수함이 침몰해 있었고, 그것을 소련의 방해 없이 끌어올리려 했던 미국의 비밀 속셈이었던 거예요. '아조리안 프로젝트'로 알려진 이 작전은 해양자원인 망가니즈를 활용해 당시 모든 사람을 감쪽같이 속였답니다.

이렇게 바닷속에는 5,000억 톤 이상의 망가니즈가 묻혀 있다고 해요. 우리 땅 독도 주변에도 많은 양의 망가니즈가 있다고 하죠. 이 바닷속 망가니즈를 효

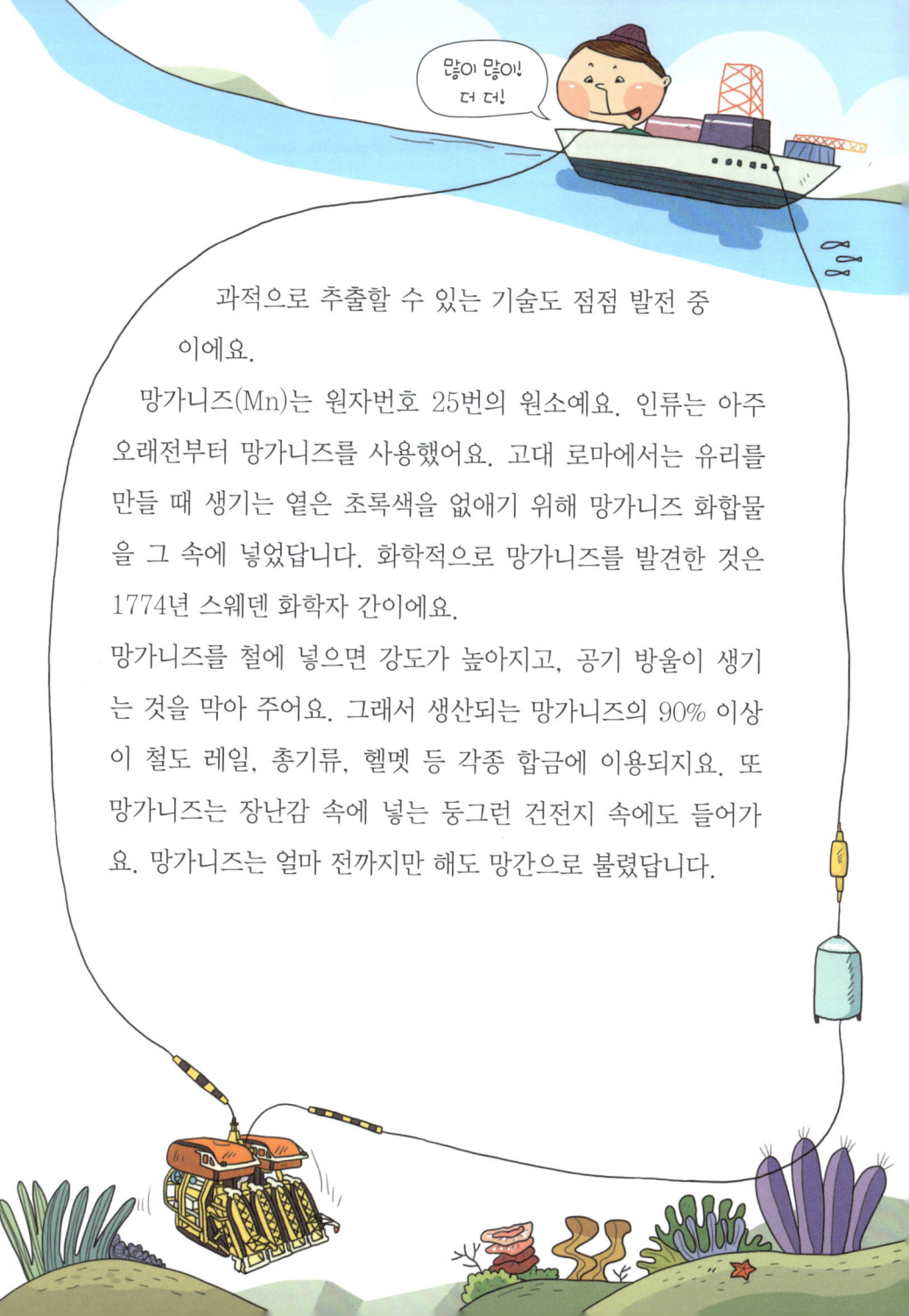

과적으로 추출할 수 있는 기술도 점점 발전 중이에요.

망가니즈(Mn)는 원자번호 25번의 원소예요. 인류는 아주 오래전부터 망가니즈를 사용했어요. 고대 로마에서는 유리를 만들 때 생기는 엷은 초록색을 없애기 위해 망가니즈 화합물을 그 속에 넣었답니다. 화학적으로 망가니즈를 발견한 것은 1774년 스웨덴 화학자 간이에요.

망가니즈를 철에 넣으면 강도가 높아지고, 공기 방울이 생기는 것을 막아 주어요. 그래서 생산되는 망가니즈의 90% 이상이 철도 레일, 총기류, 헬멧 등 각종 합금에 이용되지요. 또 망가니즈는 장난감 속에 넣는 둥그런 건전지 속에도 들어가요. 망가니즈는 얼마 전까지만 해도 망간으로 불렸답니다.

067 문명의 발달을 말할 때 날 빼면 서운하겠죠? —26번 철(Fe)

"아니! 이렇게 많은 양이?"

사람들은 깜짝 놀랐어요. 2m 아래 지하에서 수많은 철못이 쏟아져 나왔기 때문이에요. 2000여 년 전 로마군이 퇴각하며 영국 인치투틸 요새의 땅속에 파묻어 놓은 것으로, 그 개수가 100만여 개였다고 해요.

철은 아주 오래전부터 인류의 역사와 함께했어요. 사람들은 철을 이용해 칼과 창, 못, 농기구 등 다양한 물건을 만들었죠. 좋은 철을 만들기 위해 노력했고, 역사상 뛰어난 철을 가진 국가는 힘이 강하고 무척 번성했어요.

철은 지구 질량의 32%를 차지할 만큼 흔한 물질이에요. 하지

만 자연 상태에서는 철광석으로 존재해서 뜨거운 온도에서 불순물을 없애는 과정을 거쳐야 하지요. 이를 위해 옛날에는 대장장이가 대장간에서 쇳물을 녹여 냈고, 지금은 수십 층 높이의 고로를 가진 제철소에서 그 역할을 하고 있어요.

하지만 철은 단점이 있어요. 산소와 만나면 쉽게 녹이 슬고 오랜 시간이 지나면서 부식이 심해져요. 추위에도 매우 약해서 −30℃ 이하에서는 쉽게 부서져요. 이런 점을 보완하기 위해 다양한 금속을 합금하거나 겉에 덧입히는 작업을 한답니다. 이렇게 만들어진 철제품은 다양하고 넓게 쓰이지요. 전 세계에서 생산되는 금속의 95%를 차지할 만큼 많아요.

철은 우리 몸에서도 매우 중요한 역할을 해요. 숨 쉴 때 들어온 산소는 적혈구 속의 철과 결합해서 온몸을 돌아다니죠. 이런 철이 부족하면 어지러움을 느끼는 빈혈이 생긴답니다. 철의 원소기호 Fe이고 원자번호 26번의 원소예요. 이름은 라틴어 페럼(Ferrum)에서 유래했답니다.

068 못된 도깨비의 짓이라고 생각했다고요? —27번 코발트(Co)

'코발트블루'라는 색을 들어 보았나요? 신비한 느낌이 드는 파란빛을 띠는 아름다운 색이에요. 손바닥만 한 크기의 거대한 독거미 타란툴라 중 일부가 지닌 발 색상으로도 유명하죠. 이 이름은 독일의 광부들이 욕하면서 캐던 광물과 관련이 있답니다.

"여기는 은이 많이 묻혀 있는 것 같아."

광부들은 신이 나서 땅을 열심히 파 내려갔어요. 벽을 헐며 땅속에 파묻힌 광석을 캐냈지요. 하지만 안쪽에 있던 광물은 은이 아니었어요. 오히려 불순물을 없앨 때 독한 증기가 나와 광부들을 괴롭혔어요. 광부들은 산도깨비 코볼트에게 속았다

고 생각했고, 이렇게 코발트라는 이름이 지어졌답니다.

  원자번호 27번인 코발트(Co)는 옅은 푸른빛을 띠는 은회색이에요. 이 코발트가 알루미늄과 산화물이 되면서 우리가 부르는 짙은 푸른색의 코발트블루가 되지요. 고대 이집트나 이란에서는 유리나 도자기에 고급 안료로 이용되었다고 해요.

  코발트는 전기차 배터리를 만드는 데 꼭 필요한 물질이에요. 초합금으로 사용되고, 방사선 치료에 활용되기도 하죠. 발견 당시 구박 덩어리였던 코발트는 쓰임새가 점점 많아지면서, 이제는 '4차 산업혁명 시대의 신 다이아몬드'라고 불리고 있어요. 가격도 오르고 나라마다 코발트를 얻기 위해 무척 애쓰고 있지요.

  코발트는 1735년 스웨덴의 화학자 게오르그 브란트가 파란 광석에서 최초로 분리하였답니다.

069 간질간질, 금속 알레르기를 조심하라고요? —28번 니켈(Ni)

Ni 미국에서 사용하는 5센트 동전은 니켈이라고 불러요. 2011년 카일 배스라는 미국의 한 투자자는 이 동전을 2,000만 개나 샀다고 해요. 무려 100만 달러나 되는 엄청난 양인데 5센트의 재료인 구리와 니켈이 올랐을 때 되팔려는 속셈이었다고 해요. 이렇게 니켈은 여러 나라에서 동전의 재료로 활용되고 있어요. 우리나라도 동전을 만들 때 니켈을 섞는답니다.

우리나라와 미국, 일본 등에서는 동전에 구리 75%, 니켈 25%의 백동을 사용하고, 캐나다의 일부 동전은 순수 니켈만 사용한답니다. 하지만 니켈이 처음부터 환영받았던 것은 아니에요. 니켈과 비소가 함유된 니콜라이트라는 광물은 구리와 비슷하게 생겨 구리를 기대했던 광부들에게 실망을 주었죠. 이때 비소에서 나온 유독가스가 사람들의 건강을 해쳐 '악마의 구리'라고 불렸답니다. 이후 1751년 스웨덴의 크론스테트 남작이 골칫거리 암석인 악마의 구리에서 순수한 니켈을 분리해 냈지요.

원자번호 28번의 니켈(Ni)은 단단한 은백색의 물질이에요. 산

  소와 만나도 녹이 잘 슬지 않아 철에 첨가해 부식을 막는 데 많이 이용해요. 생산되는 니켈의 60%가 이 용도로 쓰인답니다.

  하지만 귀걸이나 반지 등 몸에 직접 닿는 경우에는 조심해야 해요. 피부가 빨갛게 달아오르거나 반점이 생기는 등 금속 알레르기를 일으키기도 하지요. 니켈은 배터리의 재료로도 쓰이는데, 배터리 안에 니켈이 많을수록 무게가 적어지고 부피도 작아진다고 해요. 하지만 무작정 니켈 함량을 높이면 폭발하기 쉬워 주의가 필요하답니다.

070 푸른 피가 흘러도 놀라지 말라고요? -29번 구리(Cu)

Cu 구리는 우리에게 무척 친숙한 원소예요. 자연 상태에서도 쉽게 금속으로 얻을 수 있어 오래전부터 사용했지요. 청동기시대부터 구리와 주석을 합금해 활용한 만큼 인류에게 친숙한 최초의 금속이라 할 수 있어요.

요즘에도 전선, 배관, 주화, 각종 부품 등 우리 생활에서 널리 쓰이고 있어요. 그중 전선으로 가장 많이 쓰이는데, 전체 구리 양의 60%가 사용되지요. 전선 피복 속에 있는, 전기가 통하는 물질이 바로 구리랍니다. 세상 어디든 전선이 없는 곳이 없으니 구리는 정말 중요한 원소이지요? 하지만 지금처럼 너무 많이 사용하면 경제성 있는 구리 광물을 채굴할 수 있는 시간이 40년이 채 남지 않는다고 해요. 다행히 구리는 재활용이

잘 되는 금속이니 재활용을 잘하는 게 무척 중요하답니다.

구리는 공기 중에서 서서히 푸른색으로 변해요. 원래는 구리의 붉은빛이었던 미국 자유의 여신상이나 우리나라 국회의사당의 둥근 지붕도 세월이 지나며 푸른색으로 변한 거예요. 구리의 녹을 녹청이라고 하는데, 이 녹청이 생기면서 안쪽의 구리를 보호해 준답니다.

우리 몸속에는 100mg 정도의 구리가 있어요. 영양소로서 일일 권장 섭취량은 0.8mg 정도인데, 균형 잡힌 식사를 하는 일반인들은 결핍될 확률은 적다고 해요. 거미나 문어, 새우의 피는 푸른색인데, 이것 역시 구리와 관련이 있어요. 철인 헤모글로빈 대신 구리 성분이 있는 헤모시아닌으로 산소를 운반하기 때문에 피가 푸른빛을 띠는 거랍니다.

071 희생정신이 뛰어나 남을 잘 도와준다고요? -30번 아연(Zn)

"14개월 동안 60톤의 페인트를 칠해야 합니다. 약 25명의 기술자가 필요하며, 경비는 총 2,000만 달러(225억 원)입니다."

Zn 프랑스를 상징하는 높이 320m의 뾰족한 철탑, 에펠탑을 한 번 보수하는 데 드는 비용이라고 해요. 7년에 한 번씩 수리해야 하니, 1889년 만들어진 이후 지금까지 19번의 천문학적 수리비가 들었지요. 만약 에펠탑에 아연을 발랐으면 고치고 관리하는 게 훨씬 쉬웠을 거라고 해요. 그랬다면 수리 횟수가 7번으로 줄어 천문학적인 비용을 획기적으로 단축할 수 있었다는 것이죠.

그 이유는 아연의 독특한 성질에 있어요. 철에 아연을 입히면 아연이 녹이 다 슬 때까지 철은 녹슬지 않아요. 주재료인 철을 아연이 자기 몸을 바쳐 보호해 준답니다. 철 7,300톤으로 만들어진 거대한 에펠탑을 효과적으로 관리하는 도구가 되지요.

이렇게 아연 생산량의 50%는 철을 보호하는 데 사용해요.

아연(Zn)은 원자번호 30번으로 은백색의 금속 물질이에요. 그 결정 구조가 뾰족한 모습이어서 포크의 끝을 뜻하는 독일어 진케(Zinke)에서 이름이 유래했어요. 고대부터 이용되었으며, 서기 79년에 멸망한 폼페이에서 앞면이 아연으로 된 분수가 발견되기도 했지요.

아연은 모든 생명체에 필요한 핵심 원소로 사람의 기분에 관여하는 물질을 만들어요. 사람의 몸에는 2~3g의 아연이 꼭 있어야 해요. 주변에서 흔히 보는 트럼펫, 색소폰 같은 금관악기는 황동으로 만든 것인데, 황동은 구리와 아연의 합금이랍니다.

072 초콜릿처럼 부드러운 금속이라고요? –31번 갈륨(Ga)

테이블 위에 은빛 수저와 물이 든 비커가 있어요. 마술사는 비커에 든 게 물이란 걸 확인시키기 위해 한 모금 꿀꺽 마셨어요.

"이 수저는 물을 무서워하는 아주 특이한 수저입니다."

마술사가 말을 하며 수저를 물에 넣었는데, 이런 수저가 녹아 버려요. 은빛 액체가 뚝뚝 바닥으로 떨어지네요. 도대체 어떻게 된 걸까요?

이건 수저에 비밀이 숨겨져 있어요. 바로 갈륨으로 만들어진 수저였던 거예요. 갈륨(Ga)은 원자번호 31번인 은백색 금속으로 낮은 온도에서도 쉽게 녹아요. 온도가 30℃만 되어도 액체로 변해 사람의 체온에서도 녹을 정도이죠. 이 마술은 비커에 담긴 물이 따뜻한 물이어서 갈륨 수저가 녹은 거랍니다.

갈륨은 절대 비행기에 가지고 탈 수 없어요. 알루미늄을 녹

이고 부스러지게 하는 특이한 성질이 있거든요. 갈륨과 만난 알루미늄 그릇은 종잇장처럼 약해져 손가락으로도 뚫을 수 있을 정도가 돼요. 갈륨 원자가 알루미늄 원자 속을 이리저리 휘젓고 돌아다니기 때문이지요. 비행기에서 만약 갈륨이 녹아 버린다면 생각만 해도 아찔한 일이 벌어질 거예요.

  갈륨 화합물은 반도체, 자석, LED의 재료로 사용해요. 독성으로 잘 사용하지 않은 수은 대신 온도계로도 많이 사용되지요. 갈륨은 1875년 프랑스의 화학자 부아보드랑이 발견했는데, 프랑스의 라틴어 이름인 갈리아(galli)에서 유래했어요. 초콜릿처럼 부드러운 갈륨, 가지고 놀면 무척 재미있지만, 가격은 제법 비싸답니다.

073 캄캄한 밤중에도 볼 수 있게 해준다고요? -32번 저마늄(게르마늄, Ge)

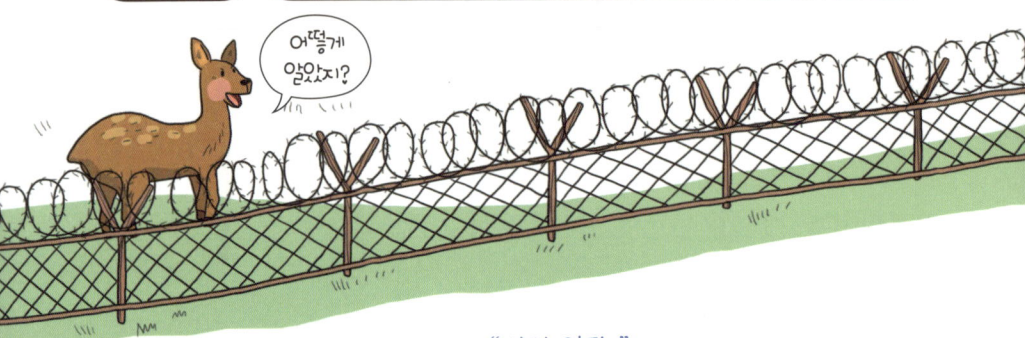

"저기 있다."

Ge 군인들이 움직이는 물체를 찾아내요. 아무것도 보이지 않는 한밤중인데, 어떻게 금방 알 수 있는 걸까요?

자세히 보니 군인들은 머리에 무언가를 쓰고 있어요. 바로 적외선 투시경이에요. 적외선 투시경은 열을 내는 물체를 보는 특수한 렌즈가 있어요. 깜깜한 어둠 속에서도 열이 나는 물체를 찾아내죠. 이 렌즈는 바로 적외선을 투과하는 저마늄의 특성을 활용하여 만든 거랍니다.

저마늄(Ge)은 원자번호 32번의 원소예요. 1886년 독일의 화학자 빙클러가 은광석에서 분리해 냈지요. 그리고 모국인

독일을 뜻하는 라틴어 '게르마니아(Germania)'에서 이름을 따왔어요. 멘델레예프가 주기율표상에 나올 거로 예측했던 원소 중 하나예요.

저마늄은 금속과 비금속의 중간 성질을 지닌 준금속이에요. 이런 특성으로 1970년대 초반까지 반도체 재료로 크게 활용되었어요. 최초의 트랜지스터라디오를 만들 때도 저마늄이 이용되었지만, 규소에 밀려서 현재는 잘 쓰이지 않는답니다. 지금은 야간투시경 등 군사적으로 중요하게 사용되는 원소가 되었어요.

저마늄은 게르마늄 팔찌, 옥매트, 목걸이 등 몸에 좋은 건강제품으로 소개되며 불티나게 팔리기도 했어요. 게르마늄은 저마늄의 독일식 표현이지요. 이런 제품이 건강에 유익한지는 과학적으로 증명되지 않았답니다.

074 옛날 죄인이 받았던 사약이라고요? −33번 비소(As)

"죄인은 어서 사약을 받으라!"

As 옛날 왕들은 죄를 지은 신하에게 사약을 내리기도 했어요. 그나마 고통이 덜한 방법으로 죽이는 일종의 배려였죠. 이 사약에 사용된 원소가 원자번호 33번인 비소(As)예요. 비소는 독성을 가지고 있어 독극물을 만드는 데 많이 사용되었고, 정적을 암살하는 데도 이용되었지요.

〈슈렉〉, 〈라이언 킹〉 같은 애니메이션에서 악마나 괴물을 나타내는 캐릭터들은 대부분 녹색이에요. 게임에서 독이 표현될 때도 초록색인 경우가 많아요. 그 이유는 녹색이 비소와 관련되어 있어서랍니다.

화학자 셸레는 비소를 이용해서 녹색 '셸레 그린'을 만들었어요. 이 색은 큰 인기를 끌면서 옷, 벽지, 천 등 많은 곳에 염료로 이용되었죠. 그런데 이것을 사용한 많은 사람이 죽고 말았어요. 나중에야 셸레 그린에 엄청난 비소가 들어 있다는 것을 알았고, 이때부터 녹색이 악마의 상징처럼 되었답니다. 나폴레옹의 방도 셸레 그린 색으로 가득 차 있었다고 해요. 그래서 나폴레옹이 죽은 이유를 비소중독 때문이라는 견해도 있답니다.

비소 화합물은 독성이 강해 살충제로 쓰이며, 작은 양을 사료에 첨가해 가축들의 기생충을 죽이는 용도로도 사용되어요. 금속 비소는 납과 합금하여 자동차 생산에 쓰이기도 하죠. 최근에는 비소가 들어 있는 광물 찌꺼기에서 비소의 독성을 낮추는 박테리아를 발견했는데, 이 박테리아를 활용해 비소의 오염이 심한 흙의 독성을 낮출 수 있지 않을까 기대하고 있답니다.

075 모조품이라고 무시하지 말라고요? -40번 지르코늄(Zr)

다이아몬드는 1캐럿에 수백만 원이나 할 정도로 무척 비싸지요. 그래서 비싼 다이아몬드 대신 모조품이 많이 팔려요. 한 번은 이런 일이 있었다고 해요.

"와, 이거 예쁘다."

한 여성이 벼룩시장의 보석 가판대에서 예쁜 큐빅 반지를 하나 샀어요. 2만 원이 조금 넘어 비싼 듯했지만, 마음에 쏙 들었거든요. 여성은 그 뒤 30여 년 동안 늘 그 큐빅 반지를 끼고 다녔어요. 그러던 어느 날, 전문 보석 감정사가 반지를 보고는 이상한 느낌이 들어 그 반지를 감정했지요. 그랬더니 놀랍게도 26캐럿이나 하는 진짜 다이아몬드였다고 해요. 이 여성은 반지를 경매시장에서 되팔아 9억 6,600여만 원의 수익을 올렸다고 해요.

우리에게도 이런 행운이 온다면 얼마나 좋을까요? 모조품인 줄 알았던 게 진짜인 것처럼 말이죠. 이렇게 다이아몬드를 닮은 큐빅을 만드는 원소가 바로 원자번호 40번, 지르코늄(Zr)이에요. 광택이 나는 은회색으로 1824년 스웨덴의 베르셀리우스가 분리에 성공했지요. 지르코늄은 다이아몬드보다 훨씬 무르지만 가공하면 다이아몬드와 비슷한 모습을 보여 다이아몬드 모조품으로 많이 이용된답니다.

　금속으로 된 지르코늄은 핵연료를 담는 연료봉의 재료로 이용돼요. 잘 부식되지 않고 중성자를 거의 흡수하지 않기 때문이지요. 그래서 지르코늄은 세계 원자력 기구의 관리 품목으로 지정되어 있어요. 미국은 자국의 지르코늄 생산량을 비밀에 부쳐 공개하지 않는답니다.

076 해마다 색깔이 달라지는 동전이 있다고요? -41번 나이오븀(Nb)

Nb 오스트리아에 가면 눈길을 끄는 동전이 있어요. 이 동전은 해마다 디자인과 색깔이 다르게 나오거든요. 바깥은 은색인데 안쪽의 색상이 노란색, 갈색, 푸른색, 보라색 등으로 늘 바뀌어요. 동전 수집상들에게 인기가 있어 구하기도 힘들고 비싸게 거래된다고 해요.

그런데 동전 색깔을 일부러 매년 바꾸는 게 아니라고 해요. 이 동전의 바깥쪽은 은이고, 안쪽은 나이오븀으로 되어 있어요. 나이오븀은 전기화학적인 산화 시에 막의 두께에 따라 색상이 여러 가지로 변해 다양한 색깔의 동전이 만들어지는 거예요. 하나의 금속에서 다양한 색깔이 나타나다니 참 신기한 일이 아닐 수 없네요. 이런 이유로 나이오븀은 다양한 장신구로도 사용해요.

원자번호 41번인 나이오븀(Nb)은 그 발견 과정도 무척 흥미로워요.

　1801년 영국의 화학자 해체트가 컬럼바이트 광물에서 이 나이오븀을 발견했는데, 이듬해 발견된 또 다른 원소 탄탈럼과 성질이 무척 비슷했어요. 한동안 여러 과학자가 이 2개가 같은 원소가 아닌지 혼동했답니다. 이후 40년이 지난 후에야 독일의 화학자 로제가 이 두 원소가 완전히 다른 원소라는 걸 밝혀냈어요.

　스웨덴 제네바와 국제 핵융합 실험로에는 무려 600톤의 엄청난 나이오븀 합금 전선 가닥이 있다고 해요. 600톤이면 그 양만으로도 어마어마한 수준이지요. 이는 나이오븀이 전기저항을 가지지 않는 초전도 합금의 좋은 소재이기 때문이에요. 초전도는 전기저항이 완전히 없어진 상태를 말한답니다.

077 왕들은 은수저가 꼭 필요했다고요? -47번 은(Ag)

Ag "전하 이제 드셔도 됩니다."

왕의 수라상 옆에는 항상 기미 상궁이 있었어요. 기미 상궁이 은수저를 들고 상 위의 음식을 모두 먼저 먹어 봤어요. 기미 상궁은 왕의 음식을 담당하는 사람으로, 왕이 음식을 먹기 전에 항상 은수저를 사용해 맛을 보았죠. 왜 굳이 은수저를 사용했을까요?

이건 은이 지닌 독특한 성질 때문이에요. 은은 독을 만나면 검은색으로 변해 버려요. 모든 독에 반응하지는 않지만, 그 당시 쉽게 구할 수 있던 비소 같은 독을 만나면 검은색으로 변했어요. 그래서 혹시 모를 독살에 대비해 항상 은으로 먼저 왕의 음식을 먹었던 거예요.

은은 예부터 은수저 같은 비싼 식기나 목걸이, 가락지 등 값비싼 장신구로 많이 이용되었어요. 표면에 오는 빛 95%를 반사하는 은은 금속 중 광택이 가장 강해서 반짝반짝 빛나기 때문이에요. 그래서 은은 일곱 가지 고대 금속의 하나로 여겨지

며 귀한 취급을 받았어요.

 은은 잘 펴지고 늘어나서 0.0015mm 두께까지 펼 수 있고, 1g으로 1,800m 길이까지 늘일 수 있어요. 이렇게 은 자체는 물러서 다른 금속과 합금을 해 단단하게 사용하지요. 또 은은 살균 효과도 있어서, 20세기 초에는 우유에 은화를 넣어 신선도를 유지했지요. 요즘에는 은 나노 입자를 이용한 천이나 세탁기 등이 인기를 끌기도 했어요.

 검게 변한 은은 어떻게 하면 좋을까요? 냄비에 알루미늄 은박지를 깔고 물에 소금을 넣어 끓이면 다시 깨끗해져요. 이걸 화학적으로 산화와 환원이라고 하는데, 검게 변한 황화은이 알루미늄 속 전자를 얻어 원래의 깨끗했던 은이 되는 것이랍니다.

078 '아파! 아파!' 하고 쓰러졌다고요? -48번 카드뮴(Cd)

"대게와 낙지에서 중금속 카드뮴이 기준치 최고 14배까지 검출!"

뉴스 기사에 사람들이 깜짝 놀랐어요. 카드뮴이라는 중금속에 수산물이 오염되었기 때문이죠. 이 중금속은 일본에서 '이타이이타이병'으로 많은 사람에게 공포를 주었던 바로 그 오염물질이에요.

많은 일본 사람이 "이타이! 이타이!"라고 말하며 쓰러져 이타이이타이병으로 이름 붙었다고 해요. 우리말로 '아파! 아파!'라는 뜻으로, 처음에는 지역 고유의 병이라고 생각했는데 조사해 보니 그 원인이 따로 있었어요. 근처 광산에서 흘러나온 카드뮴이 강물로 흘러 들어갔고, 그 물을 사람들이 먹고 병에 걸린 거였죠. 관절이 아프고 매우 약해져 건드리기만 해도 뼈가 부서질 정도였다고 해요.

카드뮴은 매우 조심해야 할 중금속 오염물질 중 하나예요. 대부분의 아연 광석에 불순물로 들어 있는데, 순수한 카드뮴은 푸른빛을 띠는 은백색이에요. 원자번호 48번으로 1817년 독일의 슈트로마이어가 발견했지요. 인체에 유해해 관리가 철저하고 사용이 엄격하게 제한되어 있답니다.

현재 카드뮴은 니켈-카드뮴 전지 재료로 가장 많이 사용돼요. 또한 카드뮴 옐로, 카드뮴 레드처럼 물감이나 안료로 쓰이기도 하지요. 담배에는 카드뮴이 1개비당 1~2ug(마이크로그램)이 있어, 흡연 시 이 카드뮴이 연기와 함께 몸속으로 들어간다고 해요. 그러니 절대 담배를 피우면 안 되겠지요?

079 나폴레옹이 전쟁에서 패한 이유라고요? —50번 주석(Sn)

Sn   나폴레옹의 군대는 러시아 원정에 크게 실패했어요. 호기롭게 떠났던 64만 명이나 되는 대규모 병력이 제대로 싸워 보지도 못하고, 추위와 배고픔에 40만 명이나 죽었죠. 이렇게 전쟁에 실패한 원인 중 하나가 바로 원자번호 50번 주석(Sn) 때문이라고 해요.

주석은 은백색의 고체 금속으로, 매우 특이한 성질이 있어요. 18℃가 되면 백색 주석이 회색 주석으로 바뀌기 시작하는데, 추우면 추울수록 그 변화가 더욱 빨라지죠. 회색 주석은

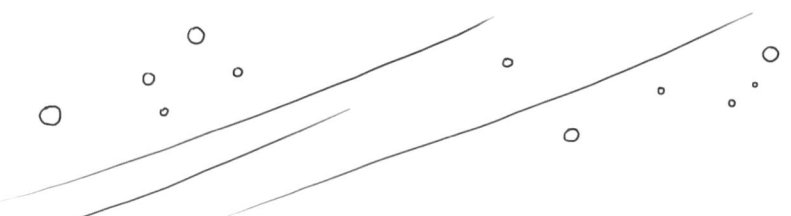

쉽게 바스러지면서 부서지는 치명적인 약점이 있어요.

당시 나폴레옹 군대의 군복 단추가 주석이었는데, 러시아의 추운 날씨를 견디지 못하고 많은 단추가 회색 주석으로 바뀌며 터지고 말았어요. 가뜩이나 러시아의 추위에 적응하지 못했던 나폴레옹 군대는 옷도 제대로 입지 못한 채, 살인적인 추위에 견디다 동상으로 많은 군인이 죽고 말았어요. 주석이 이렇게 추운 날씨에 부식되는 걸 전염병처럼 무섭게 퍼져 나간다고 해서 주석페스트라고 불렀답니다.

주석은 녹이 잘 슬지 않아요. 그래서 철의 표면을 주석으로 코팅해 사용하지요. 우리가 흔히 보는 참치, 황도 통조림 같은 캔은 모두 주석으로 코팅된 양철 캔이랍니다. 또 주석은 열전도율이 높아 고급 잔으로 이용하기도 해요. 빌딩 벽면을 덮고 있는 판판하고 커다란 유리를 만들 때도 주석이 사용되지요.

주석은 아주 오래전부터 인류가 사용했던 원소로 구체적인 발견자는 알려지지 않았어요. 주석의 원소기호는 Sn이랍니다.

080 클레오파트라가 화장할 때 사용했다고요? —51번 안티모니(Sb)

"역사상 가장 아름다운 여성은?"

Sb 이 질문에 대한 답으로 많은 사람이 강렬한 눈화장을 한 카리스마 있는 모습의 클레오파트라를 말할 거예요. 당시 이집트에서는 눈가에 색을 발라 눈을 크게 돋보이게 하고 눈썹을 검고 매혹적으로 그렸죠. 이때 사용했던 원소가 바로 원자번호 51번인 안티모니(Sb)예요. 안티모니는 이렇게 매우 오래전부터 사람들에게 화장품으로 이용되었어요.

중세에는 안티모니가 약으로 쓰이기도 했어요. 금속인 안티모니 약은 몸속에서 녹지 않은 특성으로 배설물로 나오면 재

사용이 가능해서 '영원의 약'으로도 불렸지요. 하지만 지금은 화장품이나 약으로는 절대 사용하지 않아요. 안티모니에서 무서운 독성이 발견됐기 때문이에요. 누군가는 모차르트의 죽음이 우울증약으로 사용한 안티모니 중독 때문은 아닌지 의심하기도 하지요.

안티모니는 불에 타지 않게 하는 방염제로 주로 사용되어요. 플라스틱이나 고무에 안티모니 화합물을 넣으면 불에 잘 타지 않지요. 또한 다양한 금속의 합금으로도 사용했는데, 독성으로 인해 다른 대체 물질을 찾고 있답니다.

이런 안티모니를 이용한 동전이 만들어지기도 했어요. 가난했던 중국의 구이저우성 지역에서는 안티모니로 동전을 만들었죠. 무른 성질과 독성 때문에 금방 제작이 중단되었지만, 그때 만들어진 동전은 그 희귀성으로 인해 매우 높은 가격으로 거래가 된다고 해요. 이걸 보면 안티모니의 최대 생산국은 중국인 것도 알 수 있겠죠?

081 상처 났을 때 한 번쯤은 발라 봤다고요? —53번 아이오딘 (요오드, I)

"어머, 다쳤구나. 금방 빨간약 발라 줄게."

우리나라 가정에 1개씩은 가지고 있었다는 빨간약을 알고 있나요? 다치고 상처 난 곳에 만병통치약처럼 사용되었지요. 빨간 색깔의 이 약은 아이오딘으로 만들어진 소독약이에요. 아이오딘은 강한 산화력을 가지고 있어 바이러스나 세균 등의 살균에 매우 효과적이지요.

아이오딘은 우리 생활과 많은 관련이 있어요. 아이오딘은 사람 몸에서 갑상선호르몬을 만드는 물질이에요. 갑상선은 목 아래쪽에 있는 몸의 기관인데 늘 적절한 아이오딘을 섭취해야 해요. 아이오딘은 미역, 다시마 등 해조류에 많아, 해산물을 많이 먹지 못하는 내륙에 있는 나라에서는 아이오딘 부족 현상을 겪지요.

으앙!

이를 방지하기 위해 소금에 아이오딘을 의무적으로 넣어 판매하기도 한답니다.

아이오딘은 방사능물질이어서 무척 위험하기도 해요. 몸에 큰 해를 끼치며 갑상선암을 일으키지요. 체르노빌 원전사고가 일어난 후 근처에서 일하는 인부들에게 아이오딘이 첨가된 보드카를 마시게 했어요. 좋은 아이오딘을 먼저 먹어서 나쁜 방사능 아이오딘이 갑상선에 들어가지 못하게 막은 거랍니다.

아이오딘 화합물을 하늘에 뿌려 비를 내리게도 해요. 이 화합물이 주변의 물방울을 모으는 역할을 해서 인공강우를 만드는 거죠. 실제로 베이징 올림픽 개막식 때 비가 올 것으로 예상한 중국은 5일 전에 아이오딘화은을 공중에 뿌려 미리 비를 내리게 했어요. 이렇게 사람들 생활에 밀접한 관련이 있는 아이오딘은 1811년 프랑스의 화학자 쿠르투아가 바닷말을 태운 재에서 처음 발견했답니다.

082 멋진 동굴 목소리로 변할 수 있다고요? –54번 제논(Xe)

"목소리가 저렇게 바뀌는 것은 처음 보는데?"

유튜브 출연자가 기체를 마시고서 목소리가 변했어요. 낮은 중저음의 멋진 동굴 목소리가 됐지요. 그 기체를 풍선에 넣으니 바닥에 쿵 소리가 날 정도로 가라앉네요. 높은 목소리로 변하게 하고, 하늘 위로 풍선을 날려 보냈던 헬륨과는 정반대지요. 도대체 어떤 기체인 걸까요?

풍선 안에는 원자번호 54번 제논(Xe)이 들어 있어요. 제논은 공기보다 밀도가 커서 목소리가 낮게 변하고, 무거운 만큼 아래로 가라앉는답니다.

제논은 이 밖에도 여러 가지 재미있는 일을 많이 해요. 제논 가스를 마시면 지구력 증가에 도움을 주지요. 동물에게 실험하니 1.6배나 운동 능력이 향상되었다고 해요. 운동선수들이 관심을 가질 만한데, 실제로 올림픽에 출전하는 러시아 선수들이 단체로 제논 가스를 먹었다고 당당히 밝혀 이슈가 되기도 했어요. 장기간 복용하면 건강을 해치는 제논 가스는 지금은 도핑 약물로 지정돼 사용할 수 없답니다.

또한 제논은 다가오는 우주 시대에 주목받는 원소랍니다. 제논을 원료로 한 이온엔진은 기존 화석연료보다 훨씬 무게가 가볍고, 작은 힘으로도 오랫동안 우주선을 비행할 수 있지요. 나사(NASA)에서는 이온엔진을 이용한 우주 탐사선 딥 스페이스 1호를 만들었는데, 670일 동안 우주 비행을 하고 사용된 연료가 고작 73kg이었답니다.

제논은 1898년 화학자 램지와 트래버스가 발견했어요. 마취제로도 이용되었으며, 요즘은 기억을 없애는 재료로 연구 중이랍니다.

083 한 치의 오차도 허용하지 않겠다고요? —55번 세슘(Cs)

'전파가 91억 9,263만 1,770회 진동하는 시간.'

무엇에 대한 정의인 것 같나요? 바로 1초를 나타내는 정의예요.
"어? 1초는 1분을 60개로 쪼갠 시간 아닌가요?"
이렇게 물어보는 친구들이 있을 거예요. 맞아요. 하지만 하루의 길이가 늘 일정하지 않아 시간을 나타내는 정확한 정의가 필요하게 되었지요.

사람들은 예전부터 시간을 재며 살았어요. 해시계, 물시계, 자격루, 앙부일구, 괘종시계 등 그 기술은 점점 발전했어요. 지금은 원자를 이용해 시간을 측정하기에 이르렀는데, 바로 그 원자가 세슘이에요. 세슘 원자가 내는 특정한 빛이 91억 9,263만 1,770번 진동하는 데 걸리는 시간을 1초라고 정의한 거예요. 모든 나라에서 세슘 원자시계를 이용해 시간을 정확하게 나타내고 있고, 그 오차는 1천만 년이 지날 때 1초 정도

랍니다.

세슘(Cs)은 원자번호 55번인 금속원소예요. 1859년 친한 동료였던 분젠과 키르히호프가 함께 찾아냈죠. 발견 당시 푸른색 스펙트럼이 생겨 하늘색을 뜻하는 그리스어인 카이시우스(caesius)에서 따온 이름이에요. 세슘은 물과의 반응성이 무척 커서 세슘 덩어리를 물이 담긴 수조에 넣으면 폭발해 수조가 깨져 버릴 정도로 위력적이랍니다.

방사능물질로서 세슘은 인체에 무척 위험해요. 브라질에서는 좀도둑들이 병원에서 훔쳐 간 의료기기에서 세슘이 유출되어 마을 사람 4명이 죽고, 200여 명이 피폭되는 황당한 사고도 있었지요. 세슘은 원자력 사고가 일어났을 때 얼마나 오염되었는지를 알아보는 오염 지표 물질이 된다고 해요.

084 가장 힘이 센 자석을 만들 수 있다고요? - 60번 네오디뮴(Nd)

Nd 지구상에서 지금까지 만들어진 자석 가운데 가장 강한 자석은 무엇일까요? 바로 네오디뮴이라는 자석이에요. 2개의 네오디뮴 자석 사이에 달걀을 놓아두면 자석끼리 서로 가까이하려는 힘이 너무 강해 달걀이 산산조각이 난다고 해요. 주먹만 한 네오디뮴을 2개의 가방에 각각 넣고 서로 붙여 놓으면 어른들이 뗄 수 없을 만큼 힘이 세죠.

네오디뮴 자석은 원자번호 60번인 네오디뮴(Nd) 원소로 만들어요. 철과 붕소, 네오디뮴을 섞으면 이런 초강력 자석이 되지요. 네오디뮴은 1885년 오스트리아의 화학자 벨스바흐가 얻는 데 성공했고, 1982년에야 자석으로 사용되었답니다.

네오디뮴 자석은 부피는 작지만 강력한 자성이 필요한 곳에 쓰이고 있어요. 항공기, 풍력발전기, 전동기와 같은

하하, 여기도 있지!

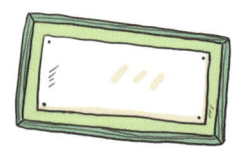

산업용품에서부터 스피커, 이어폰, 마이크 등 일상생활용품에까지 쓰임새가 다양하죠. 하지만 높은 온도에서는 자석의 힘을 잃어 버리기가 쉽고, 부식이 잘 되어 표면에 니켈이나 구리를 얇게 입혀 사용해야 한답니다.

강력한 네오디뮴의 성능을 이용해 쓰레기를 치우기도 해요. 유럽에서는 낚싯대에 네오디뮴을 달아서 강이나 저수지 바닥의 철 쓰레기를 해결하기도 하였죠. 하지만 집에서 어린아이가 만지거나 가지고 놀 때는 조심해야 하는데, 잘못해서 여러 개를 삼키면 장기가 뚫릴 정도의 상처가 날 수도 있답니다. 실제로 아이들이 자석을 삼켜 병원에 가는 사고가 종종 발생하지요.

자석 이외에도 네오디뮴은 유리의 색깔을 내는 데 사용하고, 백열등이나 형광등의 전구 색을 내거나 레이저를 만들 때도 사용한답니다.

085 사람 이름을 따서 지은 최초의 원소라고요? -62번 사마륨(Sm)

퀴륨, 아인슈타이늄, 노벨륨 등 사람의 이름을 딴 원소 이름은 많이 있어요. 대부분 역사상 커다란 발자취를 남긴 위대한 과학자들이죠. 하지만 최초로 사람 이름을 딴 원소는 과학자가 아니었어요. 그 주인공은 바로 군인이었던 사마스키였답니다.

"이게 무슨 돌이지?"

러시아의 광산 관리책임자였던 사마스키 대령은 특별해 보이는 광석을 찾아냈어요. 우랄산맥 남부에 있는 광산에서 발견된 노란빛이 도는 회색 광석이었죠. 궁금했던 그는 독일 광물학자 로제에게 러시아 입국과 함께 샘플을 쓸 수 있도록 허

가해 주었어요. 이를 고마워한 로제가 사마스키의 이름을 따서 광석에 사마스카이트라고 이름 붙였답니다.

  1879년 프랑스 화학자 부아보드랑이 마침내 이 암석에서 새로운 원소를 발견했어요. 비록 불순물이 조금 들어 있기는 했지만, 사람들은 그의 연구를 인정해 주었죠. 부아보드랑은 처음 이 암석을 발견했던 사마스키와 광석 이름을 따서 원소 이름을 사마리아로 지었고, 이후 다른 원소와 비슷하게 끝이 사마륨으로 변경되었답니다.

  세상에서 가장 비싼 자석은 이 사마륨을 코발트와 합금시킨 사마륨코발트 자석이라고 해요. 네오디뮴 자석보다 자성은 약하지만, 녹이 잘 슬지 않고 350℃ 이상의 높은 온도에서도 그 힘을 잃지 않지요. 또 사마륨은 추워질 때 부피가 커지는 아주 특이한 성질이 있어요. 사마륨은 희토류 원소로 중국에서 95% 이상이 생산되는 물질이랍니다.

086 몸속을 자세히 관찰하려면 꼭 필요하다고요? -64번 가돌리늄(Gd)

Gd 요리는 하기 싫고 배가 고플 때 냉동실에서 맛있는 핫도그라도 발견하면 신이 나요. 곧바로 전자레인지에 넣고는 시작 버튼을 누르죠.

'윙윙.'

전자레인지는 반짝거리는 불빛이 내며 돌고 핫도그는 점점 뜨거워질 거예요. 전자레인지는 마이크로파로 음식물을 데우는데, 이 마이크로파가 나오도록 하는 역할을 원자번호 64번인 가돌리늄(Gd)이 한답니다.

가돌리늄의 발견은 하나의 검은 돌에서부터 시작되었어요. 1787년, 스웨덴의 채석장 이테르비에서 검은 돌을 발견한 육군 장교 아레니우스는 처음 보는 이상한 돌의 분석을 의뢰했어요. 놀랍게도 이 광석과 산화물에서 가돌리늄을 비롯하여 이트륨, 터븀, 어븀, 이터븀 등 여러 가지 원소가 나왔죠.

사람들은 이 연구에 선구자적인 역할을 한 화학자 요한 가돌린을 기려 이 돌의 이름을 가돌리나이트라고 하고, 1880년 스

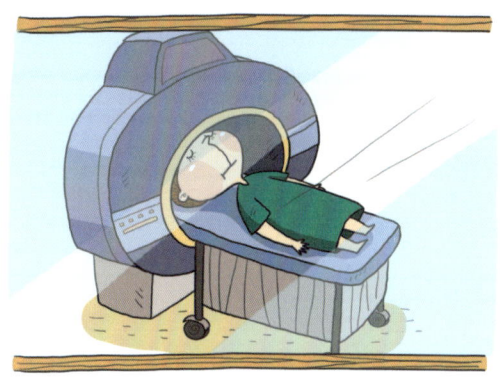

위스 화학자 드 마리낙이 발견한 원소 이름 역시 가돌리늄이라고 지었답니다. 가돌리나이트라는 하나의 돌이 여러 원소 발견에 큰 역할을 한 거예요. 이테르비 마을에는 발견된 원소를 기념하는 여러 거리와 기념판이 있지요.

  가돌리늄은 사람을 치료하는 데 없어서는 안 될 중요한 원소예요. 몸속을 정밀하게 살펴보는 MRI를 촬영할 때 쓰이죠. MRI 촬영 전 이 가돌리늄을 먼저 몸속에 주입하면 MRI로 찍을 때 선명하게 잘 나오게 된답니다.

087 위조지폐범은 꼼짝 마라고요?
-69번 툴륨(Tm)

Tm "흐흐흐 정말 똑같군. 이걸로 돈 좀 팍팍 써 보자고!"

영화를 보면 위조지폐 일당들이 돈과 똑같이 만들어진 위조지폐를 보며 흡족해하곤 하죠. 겉으로 봐서는 전혀 구분이 안 될 만큼 감쪽같아요. 하지만 이런 위조지폐를 꼼짝 못하게 하는 원소가 있어요. 그 주인공은 바로 툴륨이랍니다.

툴륨(Tm)은 원자번호 69번으로 자외선을 받으면 푸른 형광빛을 내어요. 지폐를 만들 때 툴륨을 넣어서 자외선을 비추면 숨겨진 색깔이 나타나게 하지요. 유럽에서 50유로에 사용하는 방법으로 지폐에 툴륨을 이용해 숨겨진 그림을 그려 놓았어요. 이걸 통해 매우 쉽게 위조지폐를 찾아낼 수 있다고 해요.

툴륨은 스웨덴의 화학자 클레베가 67번 원소 홀뮴과 함께

발견했어요. 홀뮴은 스톡홀름의 옛 이름 홀미아, 툴륨은 스칸디나비아의 옛 이름 툴레에서 비롯한 이름이에요.

툴륨은 레이저를 만드는 물질로 많이 사용돼요. 과거 〈스타워즈〉와 같은 공상 과학영화에서 활용되던 레이저는 이제 툴륨 같은 여러 원소를 활용하여 일상생활에서도 폭넓게 이용되지요. 실제 강력한 레이저를 쏘아서 하늘을 나는 비행체를 격추하는 수준까지 이르렀어요. 특히 툴륨 레이저는 물에 흡수가 잘 되어 인체의 표면 시술에 매우 효과적으로 사용되어요.

툴륨은 희토류에 속하는데, 그중에서도 희귀한 편이라 그 값이 굉장히 비싸고 분리가 쉽지 않아요. 순수한 툴륨을 얻기 위해서 1911년 찰스 제임스 교수가 1만 5,000번이나 실험을 반복한 것은 유명한 일화랍니다. 그 열정에 모두 깜짝 놀라고 말았지요.

088 지옥의 형벌을 받은 탄탈로스와 닮았다고요? -73번 탄탈럼(Ta)

Ta "도저히 먹을 수가 없어."

탄탈로스는 너무 목이 말라 미칠 것 같았어요. 그는 물이 가득 찬 큰 연못 안에 갇혀 있었어요. 하지만 물을 먹기 위해 고개를 숙일 때마다 물은 뒤로 물러나 사라졌죠. 물속에 있지만 물을 먹지 못하는 자신의 모습이 너무 한스러웠어요.

그리스 신화에 등장하는 탄탈로스의 모습이에요. 주기율표에는 이 탄탈로스와 닮은 원소가 있어요. 원자번호 73번인 탄탈럼(Ta)이지요. 1802년 탄탈럼을 발견한 과학자 에케베리는 산화물인데 산이 가득한 곳에서 산을 흡수하지 않는 원소를 보며, 그리스 신화 속 탄탈로스를 떠올리고는 이름을 탄탈럼이라고 지었답니다.

물이 자꾸 도망가네.

 탄탈럼은 광택이 나는 은회색 물질이에요. 무게가 가볍고, 산과 열에 잘 견디는 성질이 있죠. 이런 특징으로 탄탈럼의 70%는 전자부품인 콘덴서를 만드는 데 활용돼요. 또 인체에 부작용이 없어서 인공 뼈, 임플란트 나사에 사용하기도 하죠.

 탄탈럼은 대표적인 분쟁광물 중 하나예요. 분쟁광물은 말 그대로 분쟁이 잦은 지역에서 나는 광물로, 분쟁광물로 지정되면 그 광물을 어디서 샀는지 밝혀야 하죠. 탄탈럼의 주 생산지는 오랜 기간 전쟁 중인 콩고인데, 콩고 반군들의 주요 자금줄이라고 여겨진답니다. 만약 콩고 반군에게 탄탈럼을 샀다면 국제적으로 많은 규제나 불이익을 받게 돼요. 불행히도 많은 어린이가 탄탈럼을 캐는 데 착취되고 있다고 하네요.

089 아르키메데스도 속을 수밖에 없었을 거라고요? –74번 텅스텐(W)

"최대의 가짜 금괴 사건 발생!"

"유통되는 금괴의 40%가 가짜일 것!"

W 잊을 만하면 한 번씩 인터넷을 떠들썩하게 할 정도로 가짜 금괴 사건이 터져 나와요. 수십 년 동안 금만 살펴본 전문가조차 깜빡 속을 만큼 정교한 가짜 금괴들이죠. 이런 가짜 금괴의 대부분은 겉은 금이지만 속은 텅스텐으로 차 있어요. 텅스텐은 같은 부피에서 무게가 금과 거의 비슷하기 때문이에요. 물이 넘치는 차이를 이용해 가짜 금관을 밝혀낸 아르키메데스도 텅스텐이 섞였다면

찾기 어려웠을 거란 말이죠.

 텅스텐(W)은 원자번호 74번인 원소예요. 순수한 텅스텐은 회백색으로 부드럽지만, 탄소와 섞이면 무척 단단해져요. 이런 강한 텅스텐 화합물은 금속을 뚫는 드릴의 날로 이용되지요. 또 강철에 텅스텐을 넣은 텅스텐강은 어찌나 단단한지 탱크나 대포 같은 군사용 무기로 사용한답니다.

 텅스텐 광석은 일찍이 주석광산에서 많이 나왔는데, 사람들은 무척 싫어했어요. 텅스텐이 섞여 있으면 주석을 사용하기 어려웠기 때문이죠. 그래서 굶주린 늑대가 주석을 덮쳐 못쓰게 만들고 빼앗아 간다는 의미로 '탐욕스러운 늑대'라는 별명을 붙였답니다. 이 암석에서 1781년 화학자 셸레가 텅스텐을 분리했고, 별명에서 따와 W라는 원소기호가 붙게 되었어요.

 텅스텐은 오랫동안 백열전구의 필라멘트로 이용되며 사람들에게 사랑받았어요. 전기회로 실험에서 사용하는 꼬마전구 속의 꼬부라진 얇은 선이 바로 텅스텐이에요. 텅스텐은 금속원소 중에서 녹는점이 가장 높아요. 고온에서 안정적으로 강도를 유지할 수 있어 핵융합 장치의 내벽 재료로 적합하죠. 우리나라 강원도 영월에 가면 지금은 문을 닫았지만, 세계 최대의 텅스텐 광산이 있답니다.

090 끓게 하려면 무척 힘들 거라고요? -75번 레늄(Re)

"라이트 형제, 하늘을 날다!"

1903년 많은 사람이 라이트 형제가 개발한 하늘을 나는 비행기 모습에 깜짝 놀랐어요. 무척 획기적인 발명품이었지만 처음 비행기는 지금처럼 안정적이지 못했어요. 이후 제트엔진이 개발되어 상용화되면서 훨씬 더 빠르고 오래 날 수 있는 비행기가 개발되었어요.

제트엔진을 이용하려면 뜨거운 열에 오래 견디고 잘 부식되지 않는 물질이 필요했어요. 원자번호 75번인 레늄(Re)이 바로 그런 물질이에요. 끓는점이 5,590°C로 모든 원소 중 가장 높고, 녹는점이 3,185°C로 두 번째로 높아요. 또 가공하기도 비교적 쉬워 생산되는 레늄의 70%는 뜨거운 열을 내는

항공기 엔진 부품으로 이용된답니다.

　레늄은 1925년 독일의 과학자 노다크 부부와 오토 베르크가 백금 광석에서 발견했어요. 그리고 독일 라인강의 이름을 따서 레늄이라는 이름을 붙였죠. 이 레늄은 멘델레예프가 예측했던 원소 중 하나로 자연에서는 가장 늦게 발견한 원소랍니다.

　사실 이 레늄을 그보다 앞서 일본 과학자 마사타카가 다른 원자번호 원소로 발표한 적이 있어요. 하지만 증명을 정확하게 해내지 못해 학계에서 인정받지 못했지요.

　우리가 흔히 보는 온도계는 100℃ 정도예요. 고온에 잘 견디는 레늄을 이용하면 3,000℃의 온도도 측정하는 온도계를 만들 수 있지요. 레늄은 석유에서 휘발유를 만들 때 필요한 촉매로도 이용된답니다.

들어 보면 깜짝 놀랄 거라고요?
-76번 오스뮴(Os)

"이게 도대체 뭐지?"

영국의 화학자 테난트는 까만색 찌꺼기를 보며 중얼거렸어요. 백금 광석을 진한 염산과 질산을 섞은 왕수로 녹이면 항상 조그만 검은 찌꺼기가 남았던 거예요. 어떤 이들은 흑연이라고도 했어요.

테난트는 찌꺼기를 알칼리와 산으로 처리하며 실험을 계속했어요. 그리고 마침내 새로운 원소 두 가지를 찾아냈어요. 이때 발견한 원소 중 하나가 원자번호 76번인 오스뮴(Os)이랍니다.

발견 당시 냄새가 무척 심하게 나서 냄새를 뜻하는 그리스어인 오스메(Osme)에서 따와 이름을 지었다고 해요.

오스뮴은 지구상에서 방사성원소를 제외하고 가장 밀도가 높아 무게가 무척 무거워요. 물 1L는 1kg이지만 같은 크기의 오스뮴은 무려 22.6kg이나 돼요. 물처럼 한 손으로 쉽게 드는 것은 불가능하겠죠? 모서리가 두 뼘 정도 되는 정육면체 크기는 작은 자동차의 무게와 맞먹을 정도랍니다.

오스뮴은 표면이 무척 단단한 편이어서 쉽게 마모되지 않아요. 그래서 오래 써도 날카로움을 유지해야 하는 고급 만년필 촉에 합금으로 이용하지요. 전 세계적으로 연간 생산량이 1톤 미만 정도밖에 되지 않을 정도로 희귀해 비싼 가격에 거래된답니다. 하지만 세게 내리치면 잘 깨지고 가공이 어렵다는 단점이 있어요.

오스뮴은 가루 상태에서 공기와 만나면 독성이 강해지고 오래 노출되면 인체에 해를 끼쳐서 주의가 필요하답니다.

092 바다에 그냥 버려 버리기도 했다고요? —78번 백금(Pt)

Pt "금이 되려다 만 것 같은데?"
"은 비슷한 것 같기도 하고…."

1500년대 중남미를 정복한 스페인은 그곳에서 이상한 금속을 발견했어요. 은과 비슷한 색깔이지만 금 느낌이 나는 금속이었죠. 사람들은 불완전한 금이라고 생각해 하찮게 여겼고, 가짜 은화를 만들지도 모른다는 생각에 바다에 갖다 버리기도 했죠.

이렇게 푸대접을 받았던 금속이 바로 백금이에요. 처음엔 짝퉁 금이나 은 같은 취급을 당했죠. 백금의 영어 이름 플래티넘(Platinum)은 '작은 은'이라는 스페인어에서 유래했고, 중세의 연금술사들은 금과 은을 합한 기호로 백금을 나타냈어요.

하지만 이제는 그렇지 않아요. 플래티넘이라는 말은 매우 높은 등급을 나타낼 때 쓰이지요. 원자번호 78번인 백금은 금의 $\frac{1}{4}$, 은의 $\frac{1}{100}$ 정도밖에 없는 귀한 금속이랍니다.

그런데 놀랍게도 백금은 장신구보다 산업체에서

더 많이 사용되어요. 특히 자동차의 해로운 오염물질을 바꿔 줄 수 있어 배기가스 촉매 변환기로 많이 사용되지요. 반지, 목걸이처럼 화려함을 상징하는 장신구에 사용되는 양은 30% 정도라고 해요.

  금은방에 가면 화이트 골드 제품을 팔아요. 이 화이트 골드는 금에 니켈이나 은을 합금하여 은빛이 나게 만든 것으로 백금과는 전혀 다른 거랍니다. 백금은 금보다 더 단단하고, 녹는점이 높아 가공 비용이 많이 들어요. 일본에서 애니메이션 〈겨울왕국〉 달력을 백금으로 만들었는데, 그 가격이 거의 10억 원이나 되었다고 해요.

093 귀금속의 제왕에 대해 궁금한가요? -79번 금(Au)

'화장실 1회 사용 요금 56만 원, 제한 시간 3분.'

Au 너무 터무니없다고요? 하지만 실제로 있었던 이야기예요. 2001년에 지어진 황금으로 된 홍콩의 화장실이라고 해요. 벽, 천장, 변기, 쓰레기통 등 화장실 내부를 모두 금으로 만들어 유명해진 곳이죠. 화장실을 황금으로 만들다니 참 별나네요. 사람들은 금을 왜 이렇게 좋아할까요?

금은 얇게 펴지고(전성) 가늘게 늘어나는 (연성) 성질이 가장 좋은 금속 중 하나예요. 엄지손가락 크기의 금을 얇게 펼치면 3층 건물을 덮을 수 있고, 1g의 금으로 가느다란 실처럼 3km까지 뽑아낼 수 있다고 하죠. 한도

하늘 아래 건물주라는 말 못 들어봤음?

끝도 없이 펴지고 늘어나는 것처럼 보일 거예요. 또 전기와 열을 잘 전달하고 쉽게 부식되지 않아 가전제품의 부품에도 많이 이용된답니다.

금은 사람들에게 오랫동안 사랑받았어요. 이집트의 투탕카멘, 신라 시대의 금관 등 동서양 어디에서나 무척 귀한 대접을 받았지요. 요즘은 반지, 목걸이, 귀걸이 등 사람들을 꾸미는 액세서리로 사용돼요. 금 한 돈은 3.75g을 나타내는데, 24k가 순도 100%인 금이에요. 금이 얼마나 들어갔느냐에 따라 18k, 14k 등으로 불린답니다.

금은 재테크 수단이 되기도 해요. 금을 가지고 있으면 세계 어디에 가든 돈으로 사용할 수 있지요. 우리나라가 IMF 금융 위기를 겪었을 때 금 모으기 운동을 했는데, 이 금을 팔아 나라에 부족했던 달러를 샀답니다.

지금까지 인류가 캐낸 금은 총 17만 톤 정도라고 알려져 있어요. 이를 하나의 덩어리로 만들면 한 변의 길이가 20m 정도인 정육면체, 가격은 7조 달러 정도가 된다고 해요.

094 진시황의 불로불사 명약을 알려 준다고요? -80번 수은(Hg)

"붉은 돌에서 나온 은빛 액체라고? 이거야말로 늙지 않고 영원히 살 수 있는 불로장생의 약인 게 분명하다."

황제는 무척 기뻐하며 신비스러운 은빛 액체를 조심스럽게 마셨어요.

Hg 인류 역사상 가장 넓은 나라를 소유했다고 여겨지는 진시황제의 이야기예요. 오랫동안 늙지 않고 영원히 살기를 바란 진시황이 마신 액체는 무엇이었을까요?

진시황이 마신 것은 바로 수은이에요. 수은은 진사라는 붉은 돌을 가열하면 나오는 물질로 금속인데도 유일하게 액체로 존재하는 특별한 원소이죠. 한자의 뜻도 '물처럼 흐르는 은'이라고 해요.

수은은 액체 중에서 밀도가 가장 높아 철이 둥둥 뜰 정도

죽고싶어 환장했군!

어머머머

예요. 또 금이나 은을 녹일 수 있죠. 둥그렇게 맺힌 수은을 보며 옛날 사람들은 신비스러운 물질로 여겼답니다. 영국의 엘리자베스 1세 여왕도 수은을 차로도 마시고, 얼굴을 하얗게 하려고 몸에 바르기도 했어요.

하지만 수은은 사람 몸에 무척 좋지 않아요. 몸에 쌓이면 치명적인 중독 현상을 나타내죠. 1956년 일본 미나마타 지역에서는 수은에 노출된 조개나 물고기를 먹은 사람들이 집단으로 수은에 중독돼 심각한 증상을 나타냈어요.

수은은 열과 전기가 잘 통하며 공기 중에서도 녹슬지 않지요. 온도계에 넣기도 했지만, 위험 때문에 지금은 잘 쓰이지 않아요. 환경오염과 인체에 대한 위험성으로 인해 조심스럽게 사용되는 원소랍니다.

095 로마가 망한 이유라고요?
-82번 납(Pb)

"역시 이 맛이오. 이 그릇에 끓이면 맛이 아주 독특해진단 말이지."
포도주를 마시면서 사람들은 고개를 끄덕였어요. 포도주는 독특한 단맛을 내며 혀끝을 자극했어요.

Pb 로마인들이 사용한 그릇은 납으로 만든 것이었어요. 로마인들은 납을 수도관, 식기, 화장품, 화폐, 약 등에 다양하게 사용했는데, 특히 포도주를 납 그릇에 넣고 끓여 먹는 게 인기였어요. 납 그릇에 포도주를 끓이면 아세트

산납이 생성되어 특이한 단맛이 났다고 해요.

하지만 납은 사람 몸에 좋지 않아요. 오랫동안 납에 노출되면 납중독에 걸려 신경계 등에 여러 병을 얻게 되지요. 그래서 로마인들 대다수가 납에 중독되었고, 이게 로마의 멸망과 연관이 있다고 생각되기도 해요. 실제 그 당시 유골을 수집해 분석하면 납중독이 많았다고 하네요.

납(Pb)은 원자번호 82번인 금속이에요. 다른 금속에 비해 무겁지만 녹는점이 낮고 물러서 가공하기가 쉽지요. 이런 이유로 인류는 수천 년 동안 납을 어렵지 않게 사용했답니다. 흑연이 발견되기 전에는 납을 문질러서 필기용으로 사용했고 탄환으로도 만들었어요. 근래에는 낚시에 매다는 추나 납땜을 할 때 사용하고 있지요.

현대 의학에서 납은 방사선을 막아 주는 역할을 해요. 엑스레이 촬영을 자주 하는 의료진들은 납으로 된 보호대나 가운을 입어요. 촬영실 안쪽은 납이 발라진 유리창으로 나뉘어 있답니다.

난 포도주를 마신 것 뿐인데…

096 외계에서 온 광물일지도 모른다고요? -83번 비스무트(Bi)

"정말 아름답군요. 혹시 외계에서 온 광물이 아닐까요?"

 너무 아름다워 사람들이 이런 별명을 붙여준 원소가 있어요. 금이나 은, 다이아몬드 같은 귀금속이 아닌 원자번호 83번인 비스무트(Bi)예요.

'그냥 평범해 보이는데, 뭐가 그렇게 아름답다는 거지?'

은회색의 비스무트를 보면 이렇게 생각할 수 있어요. 하지만 비스무트는 녹아서 천천히 식으면 그 진가가 나타나요. 공기와 만나 반응해 무지갯빛이 나며, 허공으로 뾰족하게 솟아오른 계단 같은 모습이 펼쳐져요. 이런 특이한 모습 때문에 많은 사람에게 수집의 대상이랍니다.

비스무트는 무척 오래전부터 사용되었어요. 금속활자의 개척자 구텐베르크도 1450년경 활자를 만들 때 사용했지요. 대부분 금속은 액체에서 고체가 될 때

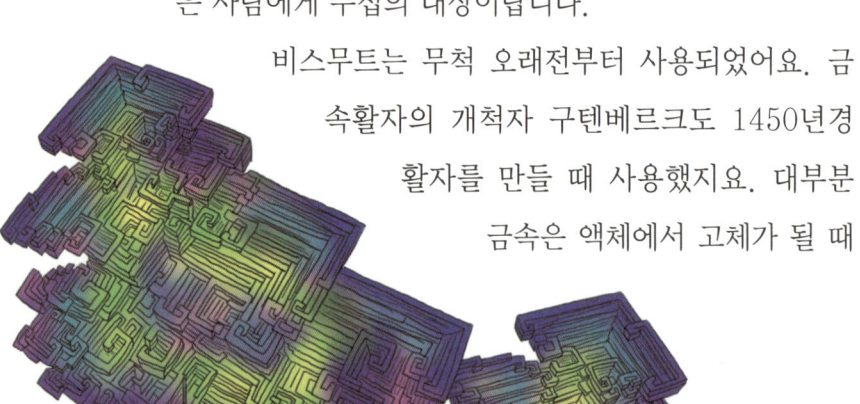

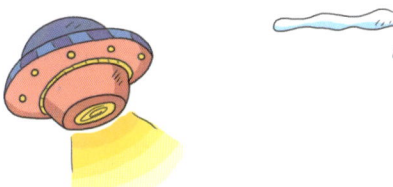

부피가 감소하는데, 비스무트는 고체가 될 때 부피가 증가해요. 활자가 굳으며 부피가 줄어드는 맹점을 비스무트를 넣어 보완할 수 있었죠.

  이런 비스무트의 특징과 다른 원소와의 차이는 1753년 프랑스의 화학자 조프루아가 증명했어요. 비스무트는 녹는점이 낮아서 스프링클러나 화재경보기의 퓨즈로 사용돼요. 불이 나면 비스무트부터 녹아 내려 물이 쏟아지거나 벨을 울리게 하는 역할을 하지요. 또 중금속이지만 독성이 거의 없어 납의 대체재로 많이 사용해요.

  주석이 낮은 온도에서 부서져 버리는 주석페스트 현상도 비스무트를 넣으면 막을 수 있어요. 나폴레옹이 이 사실을 미리 알았더라면 러시아 원정에서 승리할 수 있었을까요?

097 청산가리보다 25만 배나 더 독한 녀석이라고요? —84번 폴로늄(Po)

Po 〈미션 임파서블〉 같은 첩보영화를 보면 멋진 주인공이 등장해 나라를 위해 싸우지요. 스파이 잠입, 요인 암살 등의 이야기는 첩보영화의 단골 소재예요. 그런데 영화뿐만 아니라 현실에서도 이런 일은 일어나요.

"오랜만에 차나 한잔 마실까?"
"좋지."

2006년 전직 러시아 비밀경찰 리트비넨코는 이전 동료 두 명과 차를 마시다 갑작스럽게 죽고 말았어요. 사인은 방사능 중독이었지요. 죽기 전에 먹었던 홍차와 그의 몸에서 방사능 물질인 폴로늄이 검출되었어요.

폴로늄은 원자번호 84번인 원소예요. 피부로 침투하지는 못하지만, 먹었을 때는 청산가리의 최소 25만 배 이상(최대 1조 배)의 살상력을 가져요. 지구상에서 가장 치명적인 물질 중 하나로, 고작 1g으로 1,000만 명을 죽일 수 있는 어마어마한 독성을 가지고 있어요.

사람들은 이 사건이 벌어진 후 그 배후로 러시아 정부를 의심했어요. 폴로늄은 핵이 있는 나라에서나 극소량을 생산할 수 있는 원소였기 때문이죠. 진실이 무엇인지는 알 수 없지만, 러시아를 향해 비판의 말을 쏟아 낸 전직 요원을 반공개적으로 처형한 건 아닌지 뜨거운 이슈가 되었답니다.

폴로늄을 발견한 사람은 퀴리 부부였어요. 그들은 우라늄 광석 1톤에서 폴로늄 0.1mg을 발견했지요. 폴로늄은 당시 러시아의 지배를 받던 조국 폴란드의 독립을 바라며 붙인 이름인데, 지금은 러시아의 정치적 탄압을 나타내는 상징으로 쓰이고 있어요.

098 지하실에 방사능물질이 가득했다고요? -86번 라돈(Rn)

원자력 발전소 안 방사능 측정기 앞을 누군가 지나가자 비상 신호가 감지되었어요. 안전요원들은 방사능물질을 빼돌렸다 생각하고 몸수색을 했지요. 하지만 아무것도 나오지 않았어요. 의아하게 생각한 회사 측 사람들은 그 기술자의 집까지 가서 방사능을 측정했어요. 그랬더니 놀랍게도 지하실에서 방사능 허용 수치의 650배가 넘은 값이 나왔지요. 도대체 무슨 일이 있던 걸까요?

범인은 바로 라돈이었어요. 라돈(Rn)은 원자번호 86번으로 침묵의 살인자라는 별명이 붙은 1급 발암물질 기체에요. 집에 많은 라돈이 있어서, 그 사람에게도 방사능이 측정되었던 거예요. 세계보건기구에서는 폐암의 원인으로 흡연과 함께 라돈의 위험성을 지적했어요.

특히 라돈은 대부분의 방사능물질과 달리 기체 상태로 있어 숨을 들이마실 때 우리 몸속으로 들어와요. 아무도 모르게 들어와 조용히 우리 몸을 망가뜨리는 거죠. 더구나 색이나 냄새

가 없어 쉽게 알아채기도 어려우니 무척 고약한 녀석임이 틀림없어요.

　라돈은 물에 잘 녹는 성질이 있어요. 특히 화강암에서 많이 방출되는 데 화강암 지대에 집을 지을 때는 물에 녹아 있는 라돈가스를 조심해야 해요. 공기보다 8배 정도 무거워 바닥에 잘 가라앉으니 집에서는 항상 환기를 시키는 게 무척 중요해요.

　몇 년 전 우리나라도 라돈 때문에 크게 문제가 된 적이 있었어요. 한 회사에서 만든 침대에서 라돈이 기준치보다 많이 검출되었던 거예요. 이후 이미 판매된 침대를 모두 수거하느라 한바탕 홍역을 치렀답니다.

099 핵분열을 하려면 반드시 필요하다고요? -92번 우라늄(U)

U 자연 상태에서 존재하는 가장 무거운 원소는 우라늄이에요. 우라늄은 원자핵 속에 양성자가 92개, 중성자가 146개나 있는 은백색 물질로 무척 무겁지요.

우라늄은 우리 생활과 밀접한 관련이 있어요. 다름 아닌 원자력 발전의 원료가 되는 게 바로 우라늄이기 때문이에요. 가공된 우라늄에 중성자를 충돌시키면 엄청난 에너지가 생긴답니다. 원자력 발전은 엄청난 효율을 자랑해요. 우라늄이 핵분열을 할 때 같은 무게의 석탄 300만 배, 석유의 220만 배만큼의 에너지가 발생해요. 우라늄 1g이 석탄 3톤, 석유 9드럼의 역할을 하지요. 또 석탄과 석유가 탈 때처럼 공기를 오염시키는 매연이나 유해가스가 나오지 않는답니다.

하지만 이 우라늄 원료는 방사능 오염 문제에서 자유롭지가 않아요. 만들어진 폐기물들을 오랫동안 잘 보관하고 처리해야 하지요. 사실 재처리가

가능하지만, 이를 핵폭탄 등으로 악용할 수 있어 국가 간 협정을 만들어 다시 사용하지 못하도록 했답니다. 평화로운 원자력 사용을 위해 서로 지켜야 할 약속을 정해 놓은 거지요.

우라늄은 1789년 클라프로트가 발견했어요. 그리고 당시 새롭게 발견된 천왕성의 이름을 따서 이름을 지었지요. 천연 상태의 우라늄은 매우 안정된 상태라 위험하지 않답니다. 우라늄은 여러 가지 의미에서 인류의 역사를 바꾸어 놓은 진정한 마법의 원소라고 할 수 있어요.

100 극비리에 프로젝트가 준비되었다고요? -94번 플루토늄(Pu)

Pu 제2차 세계대전이 한창인 어느 날, 높은 산과 골짜기로 둘러싸인 미국의 한 산속 마을에 세계적 명성의 과학자들이 몰려들었어요. 노벨상을 받았던 페르미를 포함해 파인만, 앤더슨 등 당시 이름만 대면 모두 알만한 학자들이었죠.

일명 '맨해튼 프로젝트'라 불리는 비밀 연구로 원자폭탄을 만드는 일이었어요. 히틀러의 나치보다 먼저 원자폭탄을 개발해 인류를 파멸에서 구하겠다는 사명감이 무척 컸지요. 가족들도 전혀 모르게 진행된 극비 프로젝트였답니다.

이 프로젝트에는 고용인원이 최대 13만 명, 연구비 20억 달러가 투입되었어요. 지금 돈으로 30조에 가까운 어마어마한 금액이었어요. 결국 이들은 우라늄과 플루토늄을 이용해 원자폭탄을 만들었고, 이후 우라늄 원자폭탄은 히로시마에, 플루

토늄 원자폭탄은 나가사키에 떨어졌지요.

플루토늄은 원소기호 Pu로 원자번호 94인 원소예요. 우라늄이 핵분열 하는 과정에서 만들어지며, 자연 상태에서는 존재하지 않아요. 1940년 시보그 연구팀이 최초로 생산 분리했는데, 이 또한 비밀에 붙여진 채 제2차 세계대전 이후 발표되었어요. 이렇게 플루토늄의 발견은 원자폭탄과 무척 관련이 깊어요. 지금도 핵무기나 핵시설, 북한의 핵 개발 뉴스 등이 나올 때 꼭 따라다니는 원소랍니다.

맨해튼 프로젝트로 만들어진 원자폭탄으로 제2차 세계대전은 끝났지만, 폐허가 된 일본을 보며 프로젝트에 참여한 일부 과학자들은 많은 후회를 하기도 했어요. 수십만 명이 한꺼번에 죽는 참사에 큰 아픔을 느꼈던 거랍니다.

초등학생이 딱 알아야 할
화학원소 상식 이야기

초판 4쇄 2025년 3월 19일
초판 1쇄 2021년 2월 26일

글 김성삼 | 그림 홍나영

펴낸이 정태선
펴낸곳 파란정원(자매사 책먹는아이)
출판등록 제395-2010-000070호
주소 서울특별시 은평구 가좌로 175, 5층
전화 02-6925-1628 | **팩스** 02-723-1629
제조국 대한민국 | **사용연령** 8세 이상 어린이
홈페이지 www.bluegarden.kr | **전자우편** eatingbooks@naver.com
종이 다올페이퍼 | **인쇄** 조일문화인쇄사 | **제본** 경문제책사

글ⓒ김성삼 2021
ISBN 979-11-5868-190-6 74030
    979-11-5868-166-1(세트)

이 책은 저작권법에 따라 보호받는 저작물이므로 무단 전재와 무단 복제를 금지하며,
이 책 내용의 전부 또는 일부를 이용하려면 반드시 저작권자와 파란정원(자매사 책먹는아이)의
동의를 얻어야 합니다.
*잘못된 책은 구입하신 서점에서 바꿔 드립니다.

신비한 사전

김지호 외 글·그림 | 초등 전학년

마음이 담긴 말 한마디

마음이 담기지 않은 말은 소리와 함께 사라져 버리지만,
마음이 담긴 말은 마음의 크기에 따라 영원히 가슴 속에 남는다.
마음에서 마음으로 전해지는 신비한 말의 마법을 배운다.

'왜 그럴까?'에서 시작하는
아주 기특한 상식 이야기

〈초등학생이 딱 알아야 할 상식 시리즈〉는 교과서 속에 실린 내용을 중심으로 우리가 꼭 알아야 할 과목별 상식 이야기를 담고 있습니다. '왜 그럴까?'라는 호기심에 대한 궁금증을 쉬운 설명과 재미있는 일러스트로 알려 주어 외우려고 노력하지 않아도 개념과 원리를 쉽게 이해할 수 있습니다.

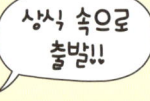

조영경 외 글 | 홍나영 그림 | 224쪽 | 각 권 13,000원